MODERN LUNCH

Susann Kreihe

MODERN LUNCH

**Schnell
Flexibel
Stressfrei**

Vegetarische und vegane Mittagessen
für Meal Prep und Homeoffice

CHRISTIAN

VORWORT

Jeden Tag gut essen, am besten selbst gekocht, ohne viel Aufwand, einfach so aus der Hand. Wäre das auch so in etwa Ihre Idealvorstellung? Fast schon nebenbei kochen, um mittags im Büro oder im Homeoffice was Leckeres auf dem Teller zu haben?

Ich bin seit vielen Jahren im »Homeoffice«, als selbstständige Autorin ist das normal. Viele andere hat das Thema Homeoffice erst vor Kurzem eingeholt. Heute ist der Arbeitsalltag gerne mal eine Mischung aus festem Arbeitsplatz in der Firma, »Work from Home«, Schichtdienst, Tagungen, Außendienst und vielem mehr. Die täglichen Möglichkeiten für ein Mittagessen sind unterschiedlich. Mal Kantine, mal ein Salat von unterwegs oder das übrige Essen von gestern Abend, am liebsten was »Gutes«.

Mit Modern Lunch steht Ihnen ein passender Begleiter für die unterschiedlichen Anforderungen der heutigen Zeit zur Seite. Ob zu Hause oder unterwegs, mit den Rezepten in diesem Buch sind Sie bestens gerüstet. In den drei Kapiteln finden Sie für jede Herausforderung das passende Gericht. Alle Rezepte sind vegetarisch oder vegan, reich an Gemüse, Hülsenfrüchten, Kräutern und Gewürzen. Sie sind schnell zubereitet und lassen sich leicht variieren.

Egal, ob Sie Meal Prep bevorzugen oder im Homeoffice arbeiten – Sie wählen einfach zwischen den vielen Lunchideen. Die einen, die wie gemacht sind, um mitgenommen zu werden. Andere, die am besten frisch gegessen werden. Es gibt Tage, da muss man sich gar nicht entscheiden, daher gibt es die »Sowohl-als-auch«-Rezepte – frisch kochen oder mitnehmen.

Moderne Zeiten brauchen moderne Lunchideen – hier sind sie.

Viel Freude bei Ihrem neuen täglichen Lunch!

Ihre

Susann Kreihe

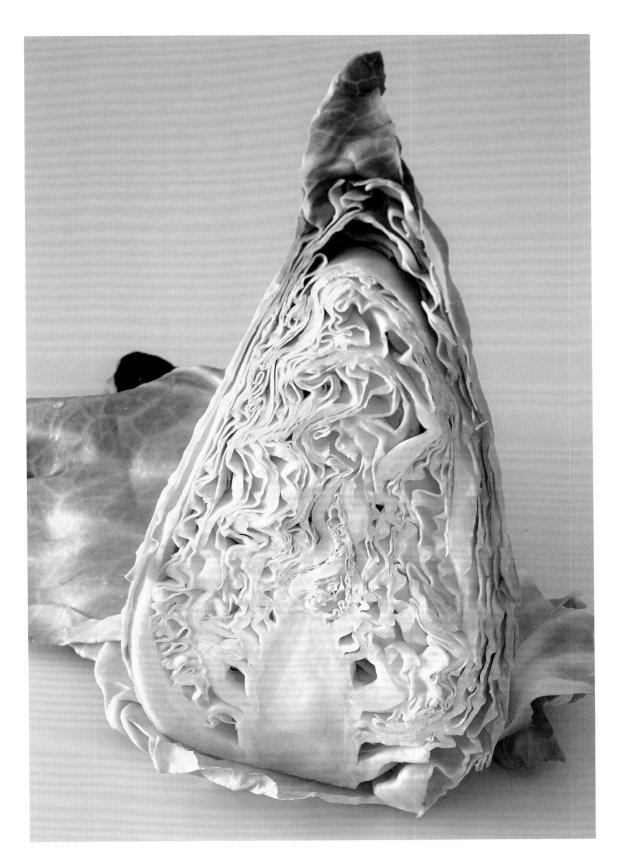

INHALT

WHAT ABOUT MODERN LUNCH? 8
MEAL PREP 14

Die Gerichte sind wie gemacht, um mitgenommen zu werden. Am zweiten Tag schmecken viele sogar noch besser.

Salat im Glas 16
Falafel-Bowl 19
Peperonata mit Burrata 20
Schnelles Auberginen-Chili 23
Fruchtige Pastinakenpfanne 24
Grüne Erbsenknödel mit Meerrettichsauce 27
Schnelles Gemüsecurry 28
Röstgemüse-Suppe mit Croûtons 31
Veggie-Burger 32
Bohnen-Tomaten-Cassoulet 35
Süßscharfes Bohnen-Mais-Ragout 36
Kürbis-Bohnen-Stew mit Crème fraîche
    und Mohn 39
Griechische Bohnenpfanne 40
Weiße-Bohnen-Püree mit Erbsen und Zitrone 43
Cremiges Kürbis-Wirsing-Gemüse
    mit Haselnüssen 44
Rotkohl-Gulasch 47
Gebratener Rotkohl mit Linsen und grüner Salsa . 48
Dicke Gemüsepfannkuchen mit
    Paprika-Walnuss-Dip 50
Krautpfanne mit Miso-Brühe 53
Weißkohl-Kari – Geschmorter Weißkohl in
    Tomaten-Gewürz-Sauce 54
Wirsing mit glasiertem Tofu 57
Grünkohl-Eintopf mit Perlcouscous 58

FLEXIBEL – FRISCH KOCHEN
ODER MEALPREPPEN 60

Gerichte, die in der Mittagspause zubereitet werden können, sich aber auch zum Mitnehmen eignen.

Kalte Avocado-Salat-Suppe 63
Brokkoli-Taboulé mit Halloumi 64
Geröstete Paprika mit Gremolata
    und Ziegenkäsecreme 67
Gebackene Blumenkohl-Steaks 68
Blumenkohl-Gröstl 71
Gebackener Blumenkohl – im Ganzen gegart 72
Gebratene Rote Bete mit Sesam-Labneh 75
Brokkoli-Buletten mit cremiger Sauce 76
Mais-Dippers mit Rucola 79
Gemüse-Frittata 80
Gebratener Sellerie mit Romanasalat 82
Gebackener Spitzkohl mit
    Harissa-Limetten-Sauce 85
Fenchel-Erbsen-Auflauf 86
Linsenköfte mit Korianderjoghurt 89
Gefüllter Ofenkürbis 90
Kürbis-Crumble 93
Orientalisches Röstgemüse mit
    Rote-Bete-Hummus 94
Rosenkohl-Kichererbsen-Blech mit
    Koriandercreme 97
Rosenkohl mit Chili-Crunch 98
Klassisches Kartoffelgratin 101
Lauch-Apfel-Pancakes mit Pesto 102

HOMEOFFICE...................104

**Gerichte, die am besten
frisch gegessen werden.**

Lauwarmer Karottensalat.................. 107

Karotten im Würstchen-Style............... 108

Würzige Ofentomaten mit Röstzwiebeln 111

Hasselback-Zucchini mit Harissa-Zwiebeln 112

Zucchini-Parmesan-Sticks mit Kräuterquark.....115

Überbackene Auberginen 116

Ratatouille mit wachsweichem Ei 119

Bunte Gemüse-Shakshuka 120

Gefüllte Paprikaschnitzel mit Feta............ 123

Baked Sweet Potatoes.................... 124

Kürbispommes mit rauchiger Mayonnaise...... 127

Würzige Kürbisschnitzel.................... 128

Geröstete Kartoffeln mit

    Knoblauch-Zitronen-Spinat..............131

Wurzelgemüse-Pakoras mit Paprikajoghurt..... 132

Gebratene Bohnen mit Rauchmandeln 135

Regenbogen-Mangold mit Rosinen

    und Erdnüssen 136

Würzige Dinkelpfanne mit Pfifferlingen........ 139

Gegrillte Portobello-Pilze mit Rucolasalat 140

Pulled-Austernpilz-Sandwich................ 143

Tofu-»Fleischpflanzerl« mit Pilzrahmsauce.....144

BEILAGEN.........................147

Fladenbrot................................. 148

Naan-Brot aus der Pfanne.................... 149

Wurzelbaguette.............................151

Kartoffelpüree.............................. 152

Cremige Polenta 153

Gewürz-Couscous 154

Kardamom-Orangen-Reis 154

Tomatensauce für den Vorrat 155

Rezeptregister............................. 156

Über die Autorin 158

WHAT ABOUT MODERN LUNCH?

MEAL PREP – GERICHTE, DIE WIE GE-MACHT SIND ZUM VORKOCHEN

Essen vorzukochen, hat den großen Vorteil, dass man am nächsten Tag entspannt in den Kühlschrank greifen, die Lunchbox einstecken und sich sicher sein kann, dass das Mittagessen gut wird. Dazu gehört etwas Planung, denn ich muss mir vorher Gedanken machen, was es geben soll, und auch vorher einkaufen. Hat sich dieser Ablauf erst mal etabliert, läuft es wie von selbst.

Im Kapitel »Meal Prep« habe ich Rezepte aufgenommen, die genau das sind: Ideal zum Vorkochen und am nächsten Tag noch leckerer. Warum ist das so? Die Aromen haben Zeit, sich zu entwickeln, und die Zutaten können durchziehen. Das kennen Sie sicher vom Marinieren fürs Grillen, da werden Fisch, Fleisch und Gemüse auch über Nacht eingelegt. So entstehen intensive Aromaverbindungen. Beim Meal Prep ist es umgekehrt, zuerst wird gekocht, dann lässt man durchziehen.

Nun ist so ein geplantes Vorgehen nicht für jeden etwas. Ich bin ehrlicherweise auch eher spontan, wenn es um die Essensplanung geht. Wenn Sie sich schwer-tun damit, eine ganze Woche vorzuplanen, machen Sie es wie ich. Starten Sie doch mit der Vorbereitung für ein bis zwei Tage. Das ist übersichtlicher und die Einkäufe sind überschaubarer. Und noch ein Tipp: Da alle Gerichte für zwei Personen ausgelegt sind, kochen Sie ein Gericht zum Abendessen und neh-men den Rest am nächsten Tag mit. Verdoppeln Sie die Menge, um am gleichen Abend zu zweit davon zu essen und am nächsten Tag zu mealpreppen.

Tipps zu Meal Prep und Aufwärmen

Als Lunchboxen eignen sich fest verschließbare und auslaufsichere Vorratsdosen. Am besten solche, die auch in die Mikrowelle gestellt werden dürfen, wie Behälter aus Glas oder hitzebeständigem Kunst-stoff. Vorratsbehälter aus Metall gehören nicht in die Mikrowelle, sind aber dennoch praktische Mitnahme-behälter für Essen.

Neben Lunchboxen sind auch ausgespülte Schraub-gläser ideal zum Mitnehmen, da sie sich gut ver-schließen lassen. Dressings und Dips beispielsweise in kleine Schraubgläser abfüllen, in den Kühlschrank stellen und kurz vor dem Verwenden kräftig schütteln. So mischen sich die Zutaten problemlos.

Beim Aufwärmen in der Mikrowelle sorgen niedrige bis mittlere Leistungsstufen für eine gleichmäßige Erwär-mung. In den meisten Fällen sind 50 bis 70 Prozent der maximalen Mikrowellenleistung ausreichend. Bei Speisen, in denen sich Zutaten verschiedener Dichte vereinen, oder bei größeren Portionen empfiehlt es sich, die Gerichte zwischendurch umzurühren, um eine gleichmäßige Wärmeverteilung zu erhalten. Vor dem Servieren ist es außerdem ratsam, das Erwärmte kurz stehen zu lassen, damit sich die Wärme gleichmäßig verteilt.

Zum Aufwärmen können die Gerichte auch in einen Topf oder in eine Pfanne umgefüllt und auf dem Herd erwärmt werden. Dazu gebe ich einen kleinen Schuss Wasser in den Topf, lasse ihn aufkochen und gebe dann das Gericht zum Aufwärmen hinzu. So wird es schneller heiß und nichts brennt an.

Die meisten Gerichte können auch im Backofen bei etwa 160–170 °C aufgewärmt werden. Decken Sie dabei das Gargut ab, um die Oberfläche vor dem Austrocknen zu schützen. Im Backofen dauert das Erwärmen in der Regel etwas länger. Ist das Mittagessen im Topf oder in der Pfanne bereits nach etwa 5 Minuten heiß, sollten Sie im Backofen rund 15–20 Minuten einplanen.

FLEXIBEL - FRISCH KOCHEN ODER MEALPREPPEN

Gerade im Homeoffice kann man sich die Arbeitszeit flexibel einteilen und Sie haben vielleicht die Möglichkeit, spontan zu kochen. Dafür sind die Gerichte aus dem zweiten Kapitel wie gemacht. Sie lassen sich gut in der Mittagspause zubereiten, denn die Arbeitsschritte sind alle schnell erledigt, sodass nicht viel Zeit dafür eingeplant werden muss. Während längerer Garzeiten (besonders bei Ofengerichten) kann nebenher weitergearbeitet werden.

Zudem lassen sich einzelne Komponenten bereits am Vortag vorbereiten, dann geht's zum Lunch noch schneller. Die Brokkolimasse für die Buletten von Seite 76 kann getrost über Nacht im Kühlschrank aufbewahrt werden und am nächsten Tag frisch gegessen werden. Auch Gemüse bereits am Vortag zu putzen und zu schneiden, vielleicht mit den Gewürzen einzulegen, spart am nächsten Tag einiges an Zeit. Dips, Saucen, Dressings, all diese Bestandteile warten geduldig im Kühlschrank. Suchen Sie sich Ihre Zeitsparer aus, die am besten zu Ihnen passen.

Aber: Die Gerichte eignen sich auch zum Mealpreppen, da sie aus Zutaten bestehen, die ein Aufwärmen ohne Qualitäts- oder Geschmackseinbußen vertragen. Sie schmecken teilweise sogar am nächsten Tag noch besser.

Ich weiß nicht, wie es Ihnen geht, aber ich esse sehr gerne gebratenes Gemüse als kalten »Salat«. Empfehlen kann ich dafür zum Beispiel das »Orientalische Gemüse mit Rote-Bete-Hummus« von Seite 94. Es ist am nächsten Tag auch als kalte Mezze ein Genuss.

HOMEOFFICE

Im Kapitel »Homeoffice« sind Rezepte zusammengestellt, die frisch zubereitet am besten schmecken. Dazu gehören Gerichte mit zarten, wasserreichen Gemüsesorten wie Zucchini oder solche mit ausgebackenen, knusprigen Komponenten wie zum Beispiel eine Panade bei einem Gemüseschnitzel.

Obwohl diese Zubereitungen nicht aufwendig sind – wie übrigens alle Rezepte im Buch –, eignen sie sich für das Homeoffice am besten, weil etwa eine Garzeit im Backofen mit dem nächsten Telefoncall überbrückt werden kann. Sie sind so flexibel wie Sie und warten auf das Zeitfenster bis zum Lunch.

Alle Mengenangaben sind für zwei Personen berechnet. Sollten Sie allein im Homeoffice sein, können Sie die Zutatenmengen halbieren und nur für sich kochen. Oder Sie bereiten einfach zwei Portionen, wie im Rezept angegeben, zu und genießen eine Portion zum Lunch, die Reste bewahren Sie bis zum Abend auf. Übrige knusprige Komponenten, etwa die Röstzwiebeln, abgedeckt bei Zimmertemperatur stehen lassen. Dann am Abend im heißen Ofen oder der Heißluftfritteuse kurz »aufknuspern«.

LUNCH DE LUXE

Ob die Vorfreude aufs Wochenende, eine hervor-
ragende Präsentation oder ein Projektabschluss –
das Leben braucht manchmal eine besondere
Belohnung. Dafür stehen die Lunch-de-luxe-Ideen.
Sie sind allesamt aufwendiger, raffinierter und mit
einem besonderen Touch. Die Zubereitung braucht
mehr Zeit als die übrigen Rezepte und besteht meist
aus mehreren Komponenten. Genießen Sie diese
besonderen Gerichte zu besonderen Gelegenheiten,
egal ob in der Woche oder am Wochenende. Locker im
Buch verteilt tauchen sie immer wieder auf und sollen
als Inspiration dienen. Wann immer Ihnen nach etwas
Besonderem ist, greifen Sie zu. Etwas Luxus im Leben
haben wir uns verdient.

WO BLEIBT DENN DIE BEILAGE?

Eine aromareiche Gemüseküche, verfeinert mit Linsen, Bohnen, Kichererbsen, Nüssen und frischen
Kräutern, macht satt und glücklich. Davon können
Sie sich getrost satt essen. Daher habe ich alle Ideen
ohne eine feste Beilage geschrieben. Was nicht
bedeutet, dass Sie keine dazu essen sollen. Vielmehr
steht hinter Modern Lunch die Idee, auch die Beilagen
an die eigenen zeitlichen Ressourcen anzupassen. Im
Beilagen-Kapitel sind Brotvarianten, von einfach und
schnell aus der Pfanne bis zum knusprigen Baguette,
zu finden. Dazu natürlich klassisches Kartoffelpüree,
Couscous mit Gewürzen, Reis oder Polenta.

Ein gutes Brot ist schnell bei der Hand, ob selbst
gebacken oder von unterwegs. Ich liebe es, Saucen
und Dips damit bis zum letzten Rest aufzunehmen.
Auch Couscous und Bulgur stehen schnell auf dem
Tisch, lassen sich aber genauso gut am Vortag vorbereiten, kräftig gewürzt kalt oder warm genießen. Fle-
xibler geht es nicht. Ist mehr Zeit, sind Kartoffel- oder
auch Gemüsepüree aus Süßkartoffel oder Kürbis her-
vorragende Beilagen. Zumal die Zutaten im Homeoffice nebenher weich kochen. Die Fertigstellung ist eine
Sache von wenigen Minuten.

Nun wünsche ich Ihnen viel Freude mit der neuen
Leichtigkeit beim Kochen mit Modern Lunch!

MEAL PREP

Die Gerichte sind wie gemacht, um mitgenommen zu werden. Am zweiten Tag schmecken viele sogar noch besser.

SALAT IM GLAS

Für 2 Personen
Zubereitungszeit 15 Minuten
Garzeit 20 Minuten

Für die gerösteten Kichererbsen
1 Dose Kichererbsen
(Abtropfgewicht ca. 240 g)
2 EL Olivenöl
1 TL Kurkumapulver
½ TL Paprikapulver
½ TL getrockneter Oregano
Salz
2 Prisen Zucker

Für den Salat
¼ Rotkohl
½ Salatgurke
2 kleine Karotten
2 kleine Tomaten
1 Avocado
Saft von ½ Limette

Für das Dressing
2 Stängel Petersilie
2 EL Weißweinessig
1 TL milder Senf
1 TL Zucker
Salz
3 EL Olivenöl

Braucht die Welt noch ein Rezept für einen Salat im Glas zum Mitnehmen? Nicht unbedingt. Betrachten Sie das Rezept einfach als Erinnerung an diese praktische Lunchidee. Denn zu einem Modern Lunch passt dieser Salat allemal. Er lässt sich gut vorbereiten, ist sehr variantenreich und völlig unkompliziert. Was bei Ihnen ins Glas wandert, bleibt Ihnen überlassen.

1) Für die gerösteten Kichererbsen den Backofen auf 200 °C Ober-/Unterhitze vorheizen und ein Backblech mit Backpapier auslegen.

2) Die Kichererbsen abgießen und abspülen. Mit dem Olivenöl, dem Kurkuma-, dem Paprikapulver, dem Oregano, 2 Prisen Salz und dem Zucker in einer Schale marinieren. Auf dem Backblech verteilen und im heißen Ofen 20 Minuten rösten.

3) Für den Salat den Rotkohl waschen und fein raspeln. Die Gurke, die Karotten und die Tomaten ebenfalls waschen, putzen und klein schneiden. Das Avocadofruchtfleisch aus der Schale lösen, würfeln und mit dem Limettensaft beträufeln. Das vorbereitete Gemüse in zwei Vorratsgläser schichten.

4) Für das Dressing die Petersilie waschen, trockentupfen und grob hacken. Mit dem Essig, dem Senf, dem Zucker, 2 Prisen Salz, 2 EL Wasser und dem Olivenöl in einem hohen Gefäß pürieren. Das Dressing in ein kleines Schraubglas füllen und verschließen.

5) Die Kichererbsen nach dem Backen abkühlen lassen und auf die mit Salat gefüllten Gläser verteilen. Die Gläser ebenfalls verschließen. Bis zum Verzehr im Kühlschrank aufbewahren.

Tipp
Die gerösteten Kichererbsen eignen sich auch auf vielen anderen Gerichten als proteinreiches Topping.

Tipp

Das Kräuterdressing von Seite 16 kann ebenfalls für die Falafel-Bowl mitgenommen werden. Der Salat schmeckt allerdings auch nur mit Falafeln und Tahin-Dressing.

FALAFEL-BOWL

Für 2 Personen
Zubereitungszeit 30 Minuten plus
über Nacht bzw. 12-14 Stunden
zum Einweichen
Garzeit 15 Minuten

Für die Falafeln
150 g getrocknete Kichererbsen
1 Knoblauchzehe
4 Stängel Petersilie
1 gestr. TL gemahlener
  Kreuzkümmel
½ TL Kurkumapulver
frisch geriebene Muskatnuss
ca. 500 ml neutrales Pflanzenöl
  zum Frittieren

Außerdem
Salz
150 g Joghurt
2-3 EL Tahin (Sesammus)
Saft von ½ Zitrone
frisch gemahlener schwarzer
  Pfeffer
1 TL flüssiger Honig
¼ Rotkohl
¼ Kopfsalat
½ Salatgurke
1 kleine rote Zwiebel

Auch wenn ich das Selberkochen favorisiere, bei dem Thema »modern und schnell« darf es auch mal eine Falafel-Mischung aus dem (Bio-) Supermarkt sein. Denn die kleinen Bällchen sind so köstlich und leider bleibt im Alltag nicht immer Zeit für die aufwendige Zubereitung. Also das Rezept hier ausprobieren und in der Not mal eine Fertigpackung für Falafeln zur Hand nehmen.

19

1) Für die Falafeln die Kichererbsen über Nacht bzw. 12-14 Stunden in reichlich kaltem Wasser einweichen.

2) Am nächsten Tag die Kichererbsen in einem Sieb abgießen, abspülen und in den Standmixer geben. Den Knoblauch abziehen. Die Petersilie waschen, trockentupfen und grob hacken. Knoblauch, Kreuzkümmel, Petersilie, Kurkuma, 2 Prisen Muskat und ½ TL Salz zu den Kichererbsen hinzufügen. Alles zu einer glatten Masse zerkleinern, dabei zwischendurch die Zutaten mit einem Teigschaber nach unten schieben und so lange mixen, bis eine homogene Mischung entstanden ist. Danach die Teigmasse für die Falafeln in eine Schale umfüllen und abgedeckt bei Zimmertemperatur 30 Minuten durchziehen lassen.

3) Das Pflanzenöl zum Frittieren 3-4 cm hoch in einem kleinen Topf auf 160-170 °C erhitzen. Die Teigmasse zu Falafeln formen und portionsweise drei bis vier Stück im heißen Öl frittieren. Anschließend die Falafeln in einem Sieb abtropfen lassen.

4) Für das Dressing den Jogurt mit Tahin, dem Zitronensaft, etwas Salz, Pfeffer und dem Honig glatt rühren.

5) Den Rotkohl waschen und fein raspeln. Den Kopfsalat putzen, waschen und klein schneiden. Die Gurke waschen und würfeln. Die Zwiebel abziehen und in dünne Spalten schneiden.

6) Das Gemüse zum Mitnehmen in Lunchboxen verteilen, die Falafeln daraufgeben und das Dressing separat abfüllen. Zum Mitnehmen verschließen.

PEPERONATA MIT BURRATA

Für 2 Personen
Zubereitungszeit 20 Minuten
Garzeit 30 Minuten

1 kg Spitzpaprikaschoten
1 Gemüsezwiebel
3 Knoblauchzehen
500 g Tomaten
1 Chilischote
5 Zweige Thymian
6 EL Olivenöl plus mehr zum
   Beträufeln
2 Lorbeerblätter
50 g Tomatenmark
1 TL edelsüßes Paprikapulver
Salz
2 TL Zucker
frisch gemahlener schwarzer
   Pfeffer
2 Kugeln Burrata

Die Peperonata kann warm oder kalt serviert werden. Über Nacht durchgezogen, schmeckt sie nicht nur würziger, sondern wird außerdem zum Meal-Prep-Lunch. Es lohnt sich, gleich mehr zuzubereiten und das fertige Gemüse einzukochen.

1) Die Paprika waschen, der Länge nach halbieren, die Samen entfernen und die Schoten in Stücke schneiden. Die Zwiebel und den Knoblauch abziehen und grob würfeln. Die Tomaten waschen, den Strunk herausschneiden und die Tomaten würfeln. Die Chilischote waschen, nach Belieben für weniger Schärfe die Samen und weißen Trennwände entfernen, die Schote klein schneiden. Die Thymianzweige waschen und trockenschütteln.

2) Das Olivenöl in einem Bräter erhitzen. Paprika, Zwiebel und Knoblauch darin mehrere Minuten anschwitzen. Lorbeer, vier Thymianzweige, Chilischote, Tomatenmark, Tomaten, Paprikapulver, 1 TL Salz, Zucker und etwas Pfeffer hinzufügen. Die Gemüsemasse unter Rühren aufkochen und abgedeckt bei mittlerer Temperatur 15–20 Minuten köcheln lassen. Anschließend die Lorbeerblätter und die Thymianzweige entfernen.

3) Die Blättchen vom übrigen Thymianzweig abzupfen.

4) Zum Mitnehmen die Peperonata in Lunchboxen umfüllen und nach dem Abkühlen bis zum Verzehr im Kühlschrank aufbewahren. Die Thymianblättchen und die Burrata separat verpacken.

5) Die Peperonata erwärmt oder kalt servieren. Pro Portion eine abgetropfte Kugel Burrata in die Mitte geben, mit etwas Olivenöl beträufeln und die Thymianblättchen darüberstreuen.

SCHNELLES AUBERGINEN-CHILI

Für 2 Personen
Zubereitungszeit 20 Minuten
Garzeit 20 Minuten

2 Auberginen
Salz
200 g Tofuschnetzel (für Hack)
4 EL Olivenöl
1 Zwiebel
1 Chilischote
1 kleine Dose Mais
   (Abtropfgewicht 140 g)
1 kleine Dose Kidneybohnen
   (Abtropfgewicht 125 g)
1 TL edelsüßes Paprikapulver
1 TL geräuchertes Paprikapulver
1 TL getrockneter Oregano
400 g stückige Tomaten
   (aus der Dose)
frisch gemahlener schwarzer
   Pfeffer
Chiliflocken (optional) zum
   Bestreuen

Wenn im Büro mal eine Feier ansteht, warum nicht statt Kuchen ein Chili mitbringen? Lässt sich problemlos am Vortag vorkochen und dann auf dem Herd oder in der Mikrowelle erwärmen.

1) Die Auberginen waschen, die Enden abschneiden, die Frucht würfeln und mit 1 gestrichenen TL Salz vermengen. 10 Minuten Wasser ziehen lassen.

2) Die Tofuschnetzel nach Packungsangabe einweichen, danach abgießen.

3) Das ausgetretene Wasser der Aubergine abgießen. Die Auberginenwürfel in eine Pfanne geben, 2 EL Olivenöl hinzufügen und die Aubergine 5–8 Minuten braun braten. Anschließend in eine Schale umfüllen.

4) Die Zwiebel abziehen und würfeln. Die Chilischote waschen und klein schneiden. Das restliche Olivenöl (2 EL) in die Pfanne geben und die Tofuschnetzel darin braun braten. Dann die Zwiebel sowie die Chilischote zugeben und anschwitzen.

5) Den Mais und die Kidneybohnen abgießen und abspülen.

6) Die Auberginen, den Mais, die Kidneybohnen, die Gewürze und die stückigen Tomaten zur Tofumasse geben. Das Chili kurz aufkochen und 5 Minuten leise köcheln lassen. Zuletzt mit Salz und Pfeffer würzen.

7) Zum Mitnehmen das Chili in Lunchboxen umfüllen und nach dem Abkühlen bis zum Verzehr im Kühlschrank aufbewahren. Vor dem Servieren erwärmen und nach Geschmack mit Chiliflocken bestreuen.

FRUCHTIGE PASTINAKENPFANNE

Für 2 Personen
Zubereitungszeit 15 Minuten
Garzeit 15 Minuten

1 kg Pastinaken
2 EL Butter
2 frische Pfirsiche
50 g Walnusskerne
½ Bund Koriander
1 geh. TL Currypulver
Salz
2 TL flüssiger Honig
½ Zitrone
frisch gemahlener schwarzer
    Pfeffer

Pastinaken werden - wie beispielsweise auch Petersilienwurzeln - oft unterschätzt. Dabei sind sie ideal zum Braten, denn dadurch entwickeln sie eine feine Süße. In diesem Rezept kommt noch die Fruchtsäure des Pfirsichs dazu, eine harmonische Verbindung entsteht. Wurzelgemüse und Früchte sind ein gelungenes Couple.

1) Die Pastinaken waschen, schälen, längs halbieren und in dickere Scheiben schneiden.

2) Die Butter in einer Pfanne erhitzen, die Pastinaken darin anbraten, bis sie etwas Farbe angenommen haben.

3) Inzwischen die Pfirsiche waschen, entsteinen und in Stücke schneiden. Die Walnusskerne grob hacken. Den Koriander waschen, trockentupfen und grob hacken. Die Pfirsiche, die Walnüsse und den Koriander mit in die Pfanne geben.

4) Das Currypulver, 2 Prisen Salz, den Honig und einen Spritzer Zitronensaft hinzufügen und die Gemüsemasse kräftig mit Pfeffer würzen. Alles 3–4 Minuten erhitzen.

5) Zum Mitnehmen die Pastinakenpfanne in Lunchboxen umfüllen und nach dem Abkühlen bis zum Verzehr im Kühlschrank aufbewahren. Vor dem Servieren erwärmen.

GRÜNE ERBSENKNÖDEL MIT MEERRETTICHSAUCE

Für 2 Personen
Zubereitungszeit 20 Minuten
Ruhen 20 Minuten
Garzeit 20 Minuten

Für die Knödel
1 Zwiebel
1 TL Butter
100 g Tiefkühl-Erbsen
150 ml Milch
3 altbackene Brötchen
   (2–3 Tage alt)
2 Eier

Für die Sauce
1 ½ EL Butter
1 ½ EL Weizenmehl
400 ml Gemüsebrühe
150 g süße Sahne
2–3 cm frische Meerrettichwurzel
   (alternativ 2 EL scharfer
   Meerrettich aus dem Glas)

Außerdem
Salz
frisch geriebene Muskatnuss
frisch gemahlener schwarzer
   Pfeffer

Brot oder Brötchenreste zu verwerten, ist immer wieder eine Herausforderung im Alltag. Neben den klassischen Semmelbröseln sind Knödel eine köstliche Variante für übrig gebliebene Backwaren. Je nachdem, wie trocken Letztere sind, ist mehr oder weniger Flüssigkeit für die Knödelmasse notwendig. Daher ein Tipp: Garen Sie zunächst einen kleinen Probeknödel. Hält er im Wasser nicht zusammen, geben Sie noch etwas Semmelbrösel zum Teig.

1) Für die Knödel die Zwiebel abziehen, würfeln und in der Butter anschwitzen. Die Erbsen zugeben und kurz erhitzen. Dann die Milch angießen, kräftig mit Salz sowie Muskat würzen und die Mischung in einen hohen Mixbecher umfüllen. Grob pürieren, die Erbsen dürfen stückig bleiben.

2) Die Brötchen würfeln. Mit der Milch-Erbsen-Mischung, den Eiern, ½ TL Salz, etwas Pfeffer und Muskat in einer Schüssel vermengen. Den Teig abgedeckt 20 Minuten ruhen lassen.

3) Für die Sauce die Butter in einem Topf schmelzen, das Mehl einrühren und hell anschwitzen. Die Brühe unter Rühren angießen, glatt rühren und mit der Sahne auffüllen. Unter Rühren aufkochen und bei niedriger Temperatur 15 Minuten köcheln lassen. Anschließend die Sauce mit Salz, Pfeffer und Muskat würzen und pürieren. Abgedeckt beiseitestellen.

4) Für die Knödel reichlich Wasser aufkochen und gut salzen. Aus dem Teig Knödel formen und diese im siedenden Wasser 10–15 Minuten gar ziehen lassen.

5) Sobald die Knödel fertig sind, die Sauce erneut aufkochen, vom Herd ziehen und den Meerrettich dazureiben. Die Menge des Meerrettichs bestimmt die Schärfe der Sauce. Dann nicht mehr kochen, da die Schärfe des Meerrettichs sonst verfliegt.

6) Zum Mitnehmen die Knödel und die Sauce separiert in Lunchboxen umfüllen und nach dem Abkühlen bis zum Verzehr im Kühlschrank aufbewahren. Vor dem Servieren sanft erwärmen.

27

SCHNELLES GEMÜSECURRY

Für 2 Personen
Zubereitungszeit 20 Minuten
Garzeit 20 Minuten

3 Karotten
2 Süßkartoffeln
½ Brokkoli
1 rote Paprikaschote
2 EL Olivenöl
1 EL gelbe oder grüne Currypaste
2 EL Tomatenmark
400 g Kokosmilch
200 ml Gemüsebrühe
1 Dose Kichererbsen
   (Abtropfgewicht 260 g)
Salz
frisch gemahlener schwarzer
   Pfeffer
2 Prisen Zucker
1 unbehandelte Limette
5 Stängel Koriander

One-Pot-Gerichte erfreuen sich großer Beliebtheit und sind ideal für Meal Prep geeignet. Am Vortag vorkochen und sich die kommenden Tage daran erfreuen. Bleibt am Ende eine kleine Menge Curry übrig, die nicht mehr für eine ganze Mahlzeit reicht, püriere ich sie und verwende die Paste als Brotaufstrich.

1) Die Karotten und die Süßkartoffeln waschen, schälen und würfeln. Den Brokkoli waschen und in Stücke teilen. Die Paprika waschen, die Samen entfernen und die Schoten würfeln.

2) Das Olivenöl in einem breiten Topf erhitzen und das Gemüse darin anschwitzen. Die Currypaste und das Tomatenmark hinzufügen und 1–2 Minuten anrösten. Danach mit der Kokosmilch sowie der Brühe aufgießen und das Curry aufkochen.

3) Die Kichererbsen abgießen und abspülen. Zum Curry geben und alles 10 Minuten köcheln lassen. Anschließend mit Salz, Pfeffer und dem Zucker abschmecken.

4) Zum Mitnehmen das Curry in Lunchboxen umfüllen, die Limette und den Koriander separat verpacken. Nach dem Abkühlen bis zum Verzehr im Kühlschrank aufbewahren.

5) Das Curry vor dem Servieren erwärmen. Die Limette heiß waschen, trockentupfen und in Spalten schneiden. Den Koriander waschen, trockentupfen und klein zupfen. Den Koriander über das Curry streuen und mit den Limettenspalten servieren.

RÖSTGEMÜSE-SUPPE MIT CROÛTONS

Für 2–3 Personen
Zubereitungszeit 15 Minuten
Garzeit etwa 20–30 Minuten

ca. 500 g gemischtes Gemüse
1 Zwiebel
1 Knoblauchzehe
3 EL Butter oder Olivenöl
1–2 TL Gewürze nach
    Geschmack (z. B. Currypulver,
    getrocknete Kräuter,
    Paprikapulver, gemahlener
    Kreuzkümmel, Korianderpulver,
    Gewürzmischungen)
ca. 750 ml Gemüsebrühe
Salz
2–3 Scheiben altbackenes Brot
    (alternativ 1 Brötchen)
1 TL getrockneter Oregano
frisch gemahlener schwarzer
    Pfeffer
2 EL Crème fraîche
frisch geriebene Muskatnuss

Dies ist eine weitere schöne Verwertungsidee für kleine Gemüsereste. Das Grundrezept für Gemüsecremesuppen hilft im Alltag, weil man nicht immer ein Kochbuch zur Hand hat. Als Faustregel gilt: Nehmen Sie 500 g Gemüse, geputzt und geschnitten, und schwitzen Sie es in etwas Öl oder Butter an. Dann Gewürze nach Belieben zugeben und mit 750 ml Flüssigkeit aufgießen. Das kann Brühe oder Wasser sein, auch ein Schuss Sahne, etwas Crème fraîche oder andere Milchprodukte oder pflanzliche Alternativen passen prima. Das Gemüse weich garen, pürieren und mit mehr Flüssigkeit aufgießen, bis die gewünschte Konsistenz erreicht ist. Abschmecken und guten Appetit!

1) Das gemischte Gemüse waschen, putzen und würfeln. Die Zwiebel und den Knoblauch abziehen und ebenfalls würfeln. Das gemischte Gemüse, die Zwiebeln und den Knoblauch in einem Topf in 1 EL heißem Fett kräftig anschwitzen. Die Gewürze nach Wahl zugeben, mit Brühe aufgießen, 1 TL Salz hinzufügen und aufkochen. Die Suppe abgedeckt bei mittlerer Temperatur etwa 20–30 Minuten köcheln lassen.

2) Anschließend die Croûtons zubereiten. Dafür das Brot würfeln und in einer Pfanne im restlichen heißen Fett (2 EL) braun braten. Danach mit dem Oregano, etwas Salz und Pfeffer würzen.

3) Zuletzt die Crème fraîche zur Suppe zugeben. Ist das Gemüse gar, alles mit dem Stabmixer fein pürieren. Die Suppe mit Salz, Pfeffer und Muskat würzig abschmecken.

4) Zum Mitnehmen die Suppe in Lunchboxen umfüllen und die Croûtons separat abpacken. Die Suppe nach dem Abkühlen bis zum Verzehr im Kühlschrank aufbewahren, die Croûtons bei Zimmertemperatur.

5) Die Suppe vor dem Servieren erwärmen und mit Croûtons bestreut heiß servieren.

VEGGIE-BURGER

Für 2 Personen
Zubereitungszeit 35 Minuten
Garzeit 20 Minuten

Für die Pattys

1 Glas eingelegte geröstete
   Paprikaschoten
   (Abtropfgewicht 240 g)
1 Dose Kichererbsen
   (Abtropfgewicht 260 g)
2 EL Tiefkühl- oder frisch
   gehackte Kräuter
   (z. B. Petersilie, Dill, Thymian,
   Schnittlauch)
50 g Semmelbrösel
20 g Haferflocken
½ TL Knoblauchgranulat
1 TL geräuchertes Paprikapulver
½ TL Zucker
Salz
frisch gemahlener schwarzer
   Pfeffer
3–4 EL Olivenöl

Außerdem

4 Salatblätter
1 Tomate
¼ Salatgurke (alternativ
   1 Gewürzgurke)
1 rote Zwiebel
2 Burger Buns
4 EL Mayonnaise (selbst gemacht,
   siehe Seite 127, oder fertig
   gekauft)

Ich liebe Burger in allen Varianten. Das Patty darf dabei gerne vegetarisch sein und ich freue mich immer, wenn ich unterwegs neue Varianten entdecke. Einen meiner Favoriten habe ich Ihnen hier niedergeschrieben. Saftig, würzig und knusprig zugleich. Einfach gut.

1) Für die Pattys die gerösteten Paprikaschoten gut abtropfen lassen und klein schneiden. Die Kichererbsen abgießen. Paprika und Kichererbsen in der Küchenmaschine grob häckseln. Die Mischung in eine Schüssel umfüllen und mit den Kräutern, den Semmelbröseln, den Haferflocken, dem Knoblauchgranulat, dem Paprikapulver, dem Zucker sowie je 3 Prisen Salz und Pfeffer gründlich vermengen und gut durchkneten. Die Veggie-Masse 10 Minuten ziehen lassen.

2) Inzwischen den Salat, die Tomate und die Gurke für einen Belag waschen, putzen und in Form schneiden. Die Zwiebel abziehen und in Scheiben schneiden. Aus der Veggie-Masse sechs bis acht Pattys (siehe Tipp) formen und diese in einer Pfanne im heißen Olivenöl braun braten. Die Burger Buns aufschneiden. In einer zweiten Pfanne auf den Schnittflächen kurz anrösten. Alternativ vor dem Servieren auftoasten.

3) Die Pattys und die übrigen Burgerzutaten zum Mitnehmen in Lunchboxen verteilen und bis zum Verzehr im Kühlschrank aufbewahren.

4) Vor dem Servieren nach Geschmack die Pattys erwärmen und die Buns toasten. Die Schnittflächen der Burger Buns mit Mayonnaise bestreichen, mit Salat, Gemüse und je einem Patty belegen. Zusammenklappen und genießen.

Tipp

Die Masse ergibt mehr Pattys als die beiden benötigten Portionen. Sie lassen sich zum Beispiel roh, zwischen Backpapier gelegt, einfrieren. Alternativ alle Pattys braten und innerhalb von 2–3 Tagen verbrauchen. Als Variante kann auch nur die Hälfte als Burger und die übrige Masse als Bällchen für ein Salat-Topping zubereitet werden.

BOHNEN-TOMATEN-CASSOULET

Für 2 Personen
Zubereitungszeit 10 Minuten
Garzeit 15 Minuten

1 fingerdickes Stück Ingwer (3 cm)
1 Chilischote
3 Frühlingszwiebeln
3 große Tomaten
1 große Dose weiße Bohnenkerne
    (Abtropfgewicht 480 g)
2 EL Olivenöl
1 EL Tomatenmark
Salz
frisch gemahlener schwarzer
    Pfeffer
1 Prise Zucker
1 TL getrockneter Thymian
1 TL getrockneter Oregano
300 g Kirschtomaten
1-2 Stängel Salbei
1 EL Butter
100 g Feta (Schafskäse)
Brot- oder Baguettescheiben,
    geröstet, als Beilage

Ein Kurzurlaub gefällig? Bitte schön! Denn diese würzige Tomaten-Bohnen-Kombination verführt geschmacklich direkt ans Mittelmeer. Hier stellt sich die Frage nach der Beilage nicht: Unbedingt mit Brot oder Baguette servieren! Darüber hinaus gibt es im Beilagen-Kapitel (siehe Seite 147) eine schöne Auswahl für Weiteres, was gut dazu passt.

1) Den Ingwer schälen. Die Chilischote waschen und hacken. Die Frühlingszwiebeln putzen, waschen und klein schneiden. Die großen Tomaten waschen, den Strunk herausschneiden und die Tomaten auf der groben Seite der Küchenreibe raspeln. Die Bohnen in ein Sieb abgießen und abspülen.

2) Das Olivenöl in eine Pfanne geben, Chili und Frühlingszwiebeln hinzufügen und den Ingwer dazureiben. Alles einige Minuten anrösten.

3) Anschließend das Tomatenmark sowie die geraspelten Tomaten zugeben und 2–3 Minuten köcheln lassen. Danach die abgegossenen Bohnen hinzufügen. Mit Salz, Pfeffer, dem Zucker, dem Thymian sowie dem Oregano würzen und 5 Minuten leise köcheln lassen.

4) Die Kirschtomaten waschen, halbieren und zur Bohnenmasse geben. Den Salbei waschen, die Blätter abzupfen und in einer Pfanne in der Butter kurz anrösten.

5) Zuletzt das Cassoulet nach Bedarf mit Salz und Pfeffer abschmecken.

6) Zum Mitnehmen das Cassoulet in Lunchboxen umfüllen, die Salbeibutter darübergeben und den Feta separat abpacken. Nach dem Abkühlen bis zum Verzehr im Kühlschrank aufbewahren.

7) Das Cassoulet mit der Salbeibutter vor dem Servieren erwärmen. Den zerbröckelten Feta darüber verteilen und mit gerösteten Brot- oder Baguettescheiben genießen.

SÜSSSCHARFES BOHNEN-MAIS-RAGOUT

Für 2 Personen
Zubereitungszeit 15 Minuten
Garzeit 15 Minuten

2 Dosen Kidneybohnen
(Abtropfgewicht 260 g)
1 Dose Mais (Abtropf-
gewicht 285 g)
2 rote Zwiebeln
1 Knoblauchzehe
2 EL Olivenöl
1 TL Harissa (Paste oder
Gewürzmischung)
2 TL flüssiger Honig
1 EL Butter
Salz
frisch gemahlener schwarzer
Pfeffer
4 Tomaten
1 rote Paprikaschote
1 Bund Petersilie

Ein echtes Blitzrezept – auch für den Mittagstisch im Homeoffice –,
denn alle Zutaten sind in Kürze gar. Hier bietet es sich an, gleich die
doppelte Menge zuzubereiten, dann spart man sich das Kochen am
nächsten Tag.

1) Die Bohnen und den Mais abgießen und kurz abspülen. Die Zwiebeln
abziehen und in Spalten schneiden. Den Knoblauch abziehen.

2) Die Zwiebeln in einer Pfanne im heißen Olivenöl 5 Minuten braun
braten. Den Knoblauch dazureiben. Die Harissa, den Honig, die Butter
und je 2 Prisen Salz und Pfeffer zugeben. Alles zusammen anrösten.

3) Die Tomaten waschen, den Strunk entfernen und das Fruchtfleisch
würfeln. Die Paprika waschen, entkernen und würfeln. Die Bohnen, den
Mais, die Tomaten und die Paprika zur Zwiebelmischung geben und
erhitzen.

4) Die Petersilie waschen, trockentupfen und hacken. Unter die
Gemüsemasse mischen und alles 3 Minuten köcheln lassen.

5) Zum Mitnehmen das Ragout in Lunchboxen umfüllen und nach
dem Abkühlen bis zum Verzehr im Kühlschrank aufbewahren. Vor dem
Servieren erwärmen.

Resteverwertung

Für etwas mehr Abwechslung Ragoutreste am
nächsten Tag erhitzen, Wraps damit füllen, etwas Käse
daraufstreuen und im Ofen 10 Minuten überbacken.

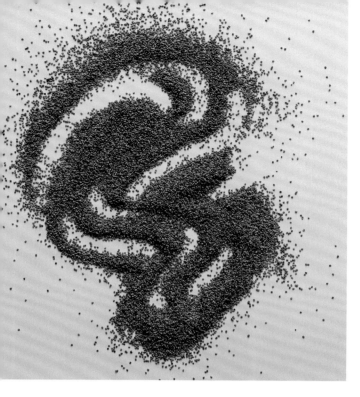

KÜRBIS-BOHNEN-STEW MIT CRÈME FRAÎCHE UND MOHN

Für 2 Personen
Zubereitungszeit 20 Minuten
Garzeit 20 Minuten

1 größerer Butternutkürbis

2 Zwiebeln

2 Knoblauchzehen

2 EL Olivenöl

1 EL Tomatenmark

2 TL Currypulver

1 TL edelsüßes Paprikapulver

1 TL geräuchertes Paprikapulver

Salz

frisch gemahlener schwarzer
    Pfeffer

500 ml Gemüsebrühe (alternativ
    Wasser)

2 Zimtstangen

2 Lorbeerblätter

1 Dose schwarze Bohnen
    (Abtropfgewicht ca. 260 g)

2 EL Butter

2 TL Mohnsaat

Chiliflocken zum Abschmecken
    (optional)

½ Zitrone

3 Stängel Petersilie

100 g Crème fraîche

Ein Stew ist nichts anderes als ein würziger Eintopf, der mit intensiven Noten überrascht. Neben all den winterlichen Gewürzen, die diesem Rezept hier seinen Charme geben, wird Sie vielleicht die Mohnbutter überraschen. Mohn hat einen milden, nussigen und aromatischen Geschmack und passt nicht nur zu süßem Gebäck.

1) Den Kürbis waschen, schälen, entkernen und würfeln. Die Zwiebeln und den Knoblauch abziehen und würfeln bzw. hacken.

2) Die vorbereiteten Zutaten in einem großen Topf im heißen Olivenöl 5 Minuten anbraten. Danach Tomatenmark, Curry-, Paprikapulver, 1 TL Salz und etwas Pfeffer zugeben, alles vermengen und nur kurz anrösten. Mit der Gemüsebrühe aufgießen, die übrigen Gewürze hinzufügen und den Topfinhalt aufkochen. Den Kürbis bei mittlerer Temperatur etwa 10 Minuten garen.

3) Die Bohnen abgießen, kalt abspülen und zur Kürbismasse geben. Zusammen 5 Minuten köcheln lassen.

4) Die Butter in einem kleinen Topf erhitzen, den Mohn und 1 Prise Salz zugeben und kurz bräunen.

5) Das Kürbis-Bohnen-Stew mit Salz, Pfeffer, nach Geschmack auch Chiliflocken und einem Spritzer Saft der Zitrone würzig abschmecken. Die Zimtstangen und Lorbeerblätter entfernen. Die Petersilie waschen, trockentupfen und hacken.

6) Zum Mitnehmen das Stew in Lunchboxen umfüllen, die Mohnbutter darüberträufeln und die Petersilie sowie die Crème fraîche separat abpacken.

7) Den Eintopf mit der Mohnbutter vor dem Servieren erwärmen. Das Stew mit der Crème fraîche toppen und mit Petersilie bestreuen.

GRIECHISCHE BOHNENPFANNE

Für 2 Personen
Zubereitungszeit 20 Minuten
Garzeit 20 Minuten

500 g frische Stangenbohnen
Salz
2 Knoblauchzehen
2 Zwiebeln
2 rote Spitzpaprikaschoten
1 Dose Kichererbsen
   (Abtropfgewicht 260 g)
3 EL Olivenöl
400 g selbst gemachte
   Tomatensauce (Rezept siehe
   Seite 155) oder stückige bzw.
   passierte Tomaten (aus der
   Dose)
2 TL getrockneter Oregano
frisch gemahlener schwarzer
   Pfeffer
1 Zweig Rosmarin
Fladenbrot als Beilage

Im Sommer gibt es Tomaten im Überfluss, da lohnt es sich, daraus Sauce einzukochen. Außerhalb der Saison oder wenn der Vorrat aufgebraucht ist, kann man getrost auf verzehrfertige stückige bzw. passierte Tomaten aus dem Laden zurückgreifen. Statt Kichererbsen passen auch Bohnenkerne oder Linsen, die Wahl sei Ihnen überlassen. Die würzige Tomatensauce verlangt aber unbedingt nach einem Stück Fladenbrot zum Auftunken.

1) Die Stangenbohnen putzen, waschen und in 2 cm breite Stücke schneiden. In kochendem Salzwasser 10 Minuten vorkochen, danach abgießen und kalt abschrecken.

2) Den Knoblauch und die Zwiebeln abziehen und würfeln. Die Paprika waschen, putzen und würfeln. Die Kichererbsen abgießen und abspülen.

3) Das Olivenöl in einer Pfanne erhitzen. Die Bohnen, die Zwiebeln, den Knoblauch und die Paprika darin anschwitzen. Die Tomatensauce oder stückigen bzw. passierten Tomaten, die Kichererbsen, den Oregano sowie 1 TL Salz und reichlich Pfeffer zugeben. Den Pfanneninhalt aufkochen und abgedeckt 5 Minuten köcheln lassen. Zuletzt die Bohnenpfanne mit Salz sowie Pfeffer abschmecken.

4) Zum Mitnehmen die Bohnenpfanne in Lunchboxen umfüllen, den Rosmarin und das Fladenbrot separat abpacken. Die Bohnenpfanne nach dem Abkühlen und den Rosmarin bis zum Verzehr im Kühlschrank aufbewahren.

5) Die Bohnenpfanne vor dem Servieren erwärmen. Den Rosmarin waschen, trockentupfen, grob hacken und über die Bohnenpfanne streuen. Heiß mit Fladenbrot genießen.

WEISSE-BOHNEN-PÜREE MIT ERBSEN UND ZITRONE

Für 2 Personen
Zubereitungszeit 20 Minuten
Garzeit 15 Minuten

2 Zwiebeln
5 EL Olivenöl
1 große Dose weiße Bohnen
   (Abtropfgewicht 480 g)
Salz
frisch gemahlener schwarzer
   Pfeffer
100 ml Gemüsebrühe
250 g Tiefkühl-Erbsen
1 EL Butter
½ unbehandelte Zitrone
2 EL Crème fraîche
Cayennepfeffer zum Würzen
¼ Ciabatta
½ TL italienische Tiefkühl-Kräuter
1 Bund Schnittlauch

Bohnen sind, wie jede andere Hülsenfrucht, ideal für ein Modern Lunch, da sie gegart als Konserve im Vorrat warten, bis sie gebraucht werden. Zudem sättigen die Hülsenfrüchte besonders gut und liefern ein hochwertiges pflanzliches Eiweiß.

1) Eine Zwiebel abziehen und würfeln. 2 EL Olivenöl in einem Topf erhitzen und die Würfel darin anschwitzen.

2) Die Bohnen abgießen, abspülen und zur Zwiebel in den Topf geben. Mit Salz und Pfeffer würzen. Die Brühe angießen und aufkochen. Die Bohnen abgedeckt 5 Minuten köcheln lassen.

3) Inzwischen übrige Zwiebel abziehen und in Spalten schneiden. Die Erbsen und Zwiebelspalten in einer Pfanne in der Butter und 1 EL Olivenöl anschwitzen. Die Zitrone heiß waschen, trockentupfen, die Schale als Zesten abziehen und zugeben. Den Saft der Zitrone auspressen. Die Erbsen mit einem Spritzer Saft, Salz sowie Pfeffer würzen und beiseitestellen.

4) Die Bohnen samt der Garflüssigkeit mit der Crème fraîche pürieren. Mit Salz, Pfeffer, Cayennepfeffer und etwas Zitronensaft würzen.

5) Das Ciabatta würfeln. Mit den italienischen Kräutern bestreut in einer Pfanne im restlichen Olivenöl (2 EL) anbraten. Den Schnittlauch waschen, trockentupfen und in kleine Röllchen schneiden.

6) Zum Mitnehmen das Weiße-Bohnen-Püree in Lunchboxen umfüllen, die Erbsen samt Sud, die Croûtons und den Schnittlauch separat abpacken. Die Croûtons bei Zimmertemperatur aufbewahren, alles Übrige im Kühlschrank.

7) Das Weiße-Bohnen-Püree mit den Erbsen samt Sud nach Geschmack vor dem Servieren lauwarm erwärmen. Mit den Croûtons und den Schnittlauchröllchen toppen.

43

CREMIGES KÜRBIS-WIRSING-GEMÜSE MIT HASELNÜSSEN

Für 2 Personen
Zubereitungszeit 20 Minuten
Garzeit 15 Minuten

½ Wirsing

1 kleiner Hokkaidokürbis
  (ca. 500 g; alternativ eine
  beliebige andere Sorte)

1 Knoblauchzehe

1 fingerdickes Stück Ingwer (2 cm)

5 getrocknete Aprikosen

2 EL Butter

150 ml Gemüsebrühe

Salz

frisch gemahlener schwarzer
  Pfeffer

1-2 TL Garam Masala

2 EL Haselnusskerne

½ unbehandelte Orange

2-3 EL Crème fraîche

Warme, süßwürzige Aromen verleihen diesem Gericht einen Hauch von Orient. Die Vielzahl an Rezepten mit Kohl im Buch lässt es vielleicht erahnen – ich liebe ihn einfach. Das Beste: Er wird in unseren Breiten nahezu überall kultiviert, ist günstig und gesund.

1) Den Wirsing putzen, waschen, den Strunk entfernen und den Kohl in Stücke schneiden. Den Kürbis waschen, halbieren, entkernen und samt Schale (alternativ Sorten mit nicht essbarer Schale schälen) würfeln. Den Knoblauch abziehen, den Ingwer schälen und beides hacken. Die Aprikosen ebenfalls klein hacken.

2) Die Butter in einem Topf schmelzen. Kürbis, Knoblauch, Ingwer und Aprikosen darin goldbraun anbraten. Den Wirsing zugeben und einige Minuten mit anschwitzen. Dann die Brühe angießen, mit Salz, Pfeffer sowie Garam Masala würzen und abgedeckt knapp 10 Minuten garen.

3) Die Haselnusskerne in einer Pfanne ohne Fettzugabe anrösten.

4) Die Orange heiß waschen, trockentupfen und die Schale in dünnen Streifen abziehen. Die Schalenstreifen in feine Julienne schneiden. Das Gemüse mit dem Saft der Orange, der Orangenschale, der Crème fraîche und den Haselnüssen vermischen. Mit Salz und Pfeffer abschmecken.

5) Zum Mitnehmen das Kürbis-Wirsing-Gemüse in Lunchboxen umfüllen und bis zum Verzehr im Kühlschrank aufbewahren. Vor dem Servieren erwärmen.

ROTKOHL-GULASCH

Für 4 Personen
Zubereitungszeit 20 Minuten
Garzeit 30 Minuten

½ Rotkohl (alternativ 1 kleiner
   Rotkohl)
1 Hokkaidokürbis
1 Zwiebel
2 EL Olivenöl
3 Pimentkörner
3 Wacholderbeeren
3 Gewürznelken
2 TL edelsüßes Paprikapulver
2 TL rosenscharfes Paprikapulver
2 Lorbeerblätter
2 EL Tomatenmark
300 ml Gemüsebrühe
Salz
frisch gemahlener schwarzer
   Pfeffer
2–3 EL Schnittlauchröllchen
2–3 EL Schmand

Ein Gulasch ohne Fleisch? Funktioniert prima. Kräftige Röststoffe beim Anbraten und das Schmoren in Brühe mit Gewürzen und Kräutern erinnern tatsächlich an klassisches Gulasch, wie von früher. Heute im modernen Outfit.

1) Den Rotkohl waschen, eventuelle beschädigte äußere Blätter entfernen und den Strunk herausschneiden. Den Kohl in mundgerechte Stücke schneiden. Den Kürbis waschen, halbieren, entkernen und würfeln. Die Zwiebel abziehen und würfeln.

2) Das Olivenöl in einem Bräter erhitzen. Rotkohl, Kürbis und Zwiebel darin mehrere Minuten kräftig anbraten. Inzwischen Piment, Wacholder und Nelken im Mörser fein zerstoßen.

3) Die Gewürzmischung aus dem Mörser, die übrigen Gewürze sowie Lorbeer und Tomatenmark zum angebratenen Gemüse geben. Unter Rühren anrösten und anschließend mit einem Schuss Brühe ablöschen. Den Bratensatz am Topfboden lösen und die Flüssigkeit einkochen und erneut anrösten lassen. Diesen Vorgang ein weiteres Mal wiederholen. Dann die übrige Brühe zugeben und das Gulasch bei niedriger Temperatur 20 Minuten köcheln lassen. Zuletzt mit Salz und Pfeffer abschmecken.

4) Zum Mitnehmen das Gulasch in Lunchboxen umfüllen, den Schnittlauch und den Schmand separat abpacken. Bis zum Verzehr im Kühlschrank aufbewahren.

5) Das Rotkohl-Gulasch vor dem Servieren erwärmen und mit Schmand sowie Schnittlauch toppen.

GEBRATENER ROTKOHL MIT LINSEN UND GRÜNER SALSA

Für 2 Personen
Zubereitungszeit 20 Minuten
Garzeit 15 Minuten

Für das Gemüse

½ Rotkohl
1 TL Koriandersaat
1 EL Olivenöl
100 g getrocknete gelbe oder
    rote Linsen
Salz
100 ml Gemüsebrühe
frisch gemahlener schwarzer
    Pfeffer
½ unbehandelte Zitrone
2 TL Sesamsaat

Für die Salsa

1 grüne Paprikaschote
1 fingerdickes Stück Ingwer (1 cm)
1 Bund Petersilie
1 EL Pistazienkerne
½ TL Chiliflocken plus mehr nach
    Bedarf
1 TL brauner Zucker plus mehr
    nach Bedarf
Salz
2 EL Olivenöl

Rotkohl wird oft etwas vernachlässigt und kommt meist nur als Gemüsebeilage zum Sonntagsbraten auf den Tisch. Doch Rotkohl kann viel mehr. Besonders angebraten entwickeln sich angenehm würzige Aromen. Zudem harmoniert er mit zahlreichen intensiven Gewürzen, wie die beiden Rotkohl-Rezepte beweisen.

1) Für das Gemüse den Kohl waschen, den Strunk herausschneiden und die Blätter in Stücke teilen. Den Koriander im Mörser zerstoßen und in einer breiten Pfanne im heißen Olivenöl anrösten. Den Rotkohl zugeben und 5 Minuten anbraten.

2) Nebenbei die Linsen in einem Topf mit 300 ml Wasser und 1 Prise Salz aufkochen, knapp 10 Minuten garen und anschließend abgießen.

3) Die Brühe zum Rotkohl angießen und mit je 2 Prisen Salz und Pfeffer würzen. Das Gemüse abgedeckt knapp 10 Minuten garen.

4) Inzwischen für die Salsa die Paprika waschen, Samen entfernen und die Schote in grobe Stücke schneiden. Den Ingwer schälen. Die Petersilie waschen, zerzupfen und mit der Paprika in den Multizerkleinerer geben. Den Ingwer dazureiben. Pistazien, Chiliflocken, Zucker und 2 Prisen Salz zugeben und intervallartig häckseln. Zuletzt das Olivenöl unterrühren und nach Bedarf mit mehr Salz, Zucker oder Chili abschmecken.

5) Die Zitrone heiß waschen, trockentupfen und etwas Schale fein abreiben.

6) Zum Mitnehmen den Rotkohl, die Linsen, den Zitronenabrieb und den Sesam in eine Lunchbox, die Salsa in eine zweite Box geben. Beides bis zum Verzehr im Kühlschrank aufbewahren.

7) Den Rotkohl und die Linsen vor dem Servieren erwärmen. Den Rotkohl mit dem Zitronenabrieb und dem Sesam toppen. Die Salsa dazu reichen.

DICKE GEMÜSEPFANNKUCHEN MIT PAPRIKA-WALNUSS-DIP

Für 2 Personen
Zubereitungszeit 30 Minuten
Garzeit 30 Minuten

1 Bund Suppengemüse
100 g Weizenmehl Type 405
25 g Speisestärke
1 Msp. Backpulver
Salz
2 Eier
4–5 EL Olivenöl
3 eingelegte Paprikaschoten
2 TL Paprikapaste
50 g Walnusskerne
Saft von ½ Zitrone
1 TL flüssiger Honig
frisch gemahlener schwarzer
    Pfeffer
1 TL Korianderpulver
1 Handvoll Babyspinat

50

Heute kommt mein »Lieblingsgemüse« auf den Tisch bzw. in die Pfanne. Ich liebe das gute alte Suppengemüse, denn es ist alles dabei, was man braucht, meist sogar ein Petersilienstängel. Ob für Suppe, geraspelt als Belag für eine Quiche oder hier in den Pfannkuchen – einfach ideal (und dazu günstig).

---

1) Das Suppengemüse waschen und putzen. Die Karotten sowie den Sellerie schälen und auf der groben Seite der Gemüsereibe raspeln. Den Lauch in Streifen schneiden. Die Petersilie (falls im Gemüsebund vorhanden) waschen und klein hacken.

2) Einen Pfannkuchenteig zubereiten. Dafür das Mehl mit Speisestärke, Backpulver, ½ TL Salz, Eiern und 200 ml Wasser glatt rühren.

3) Das Gemüse und die Petersilie in 1 EL Olivenöl kurz anschwitzen und danach leicht salzen. Umfüllen und beiseitestellen.

4) Etwas Öl in einer Pfanne erhitzen, etwas Gemüse darin verteilen, eine Kelle voll Teig daraufgeben, gleichmäßig verteilen und von beiden Seiten zu Pfannkuchen braun braten. Jeweils die fertigen Pfannkuchen auf einem Teller stapeln und im vorgeheizten Backofen bei 60 °C warm stellen.

5) Für den Paprika-Walnuss-Dip die Paprikaschoten mit der Paprikapaste, den Walnüssen, dem Zitronensaft, dem Honig, etwas Salz, Pfeffer und dem Koriander fein pürieren.

6) Den Spinat waschen und trockenschleudern.

7) Zum Mitnehmen die Gemüsepfannkuchen in Lunchboxen verteilen, den Paprika-Walnuss-Dip und den Spinat separat abpacken. Bis zum Verzehr im Kühlschrank aufbewahren.

8) Die Pfannkuchen vor dem Servieren erwärmen oder kalt genießen. Mit dem Dip und dem Spinat anrichten.

KRAUTPFANNE MIT MISO-BRÜHE

Für 2 Personen
Zubereitungszeit 20 Minuten
Garzeit 20 Minuten

½ Weißkohl

2 ½ EL geröstetes Sesamöl

1 Stange Lauch

6–8 Pilze (z. B. Shiitakes,
    Champignons, Austernpilze)

1 EL Misopaste

1–2 TL Mirin (süßer Reiswein)

1 EL Sojasauce

2 EL Cashewkerne

Sollten Sie bisher um Miso einen großen Bogen gemacht haben – spätestens, wenn Sie diese Krautpfanne probiert haben, werden Sie es nicht mehr tun. Ein einfacher Weißkohl wird durch wenige Zutaten, unter anderem eben Miso, zu einer wahren Geschmacksexplosion. Miso ist eine fermentierte Paste aus Japan, die meist aus Soja, aber auch Reis, Gerste oder Pseudogetreide und Salz hergestellt wird. Durch den Fermentationsprozess erhält sie eine komplexe Aromenvielfalt. Eine Messerspitze Miso unterstützt ein etwas »fade« schmeckendes Gericht im Nu.

1) Den Kohl waschen, eventuelle beschädigte Blätter entfernen und den Kohl in mundgerechte Stücke schneiden. Den Kohl in einer tiefen Pfanne in 2 EL heißem Sesamöl anbraten.

2) Den Lauch der Länge nach aufschneiden, gründlich waschen und in Streifen schneiden. Die Pilze trocken abreiben, die Stiele entfernen und die Kappen in Streifen schneiden.

3) Den Kohl an den Rand der Pfanne schieben, sodass in der Mitte eine freie Bratfläche entsteht. Dorthinein ½ EL Sesamöl geben, Lauch und Pilze darin anbraten. Die Misopaste mit Mirin, 200 ml Wasser sowie der Sojasauce verrühren und zum Gemüse geben. Alles vermengen und abgedeckt 5 Minuten garen.

4) Die Cashewkerne hacken und in einer Pfanne ohne Fettzugabe anrösten.

5) Zum Mitnehmen das Gemüse mit der Brühe in Lunchboxen umfüllen und bis zum Verzehr im Kühlschrank aufbewahren. Die gerösteten Cashewkerne separat abpacken und bei Zimmertemperatur lagern.

6) Das Gemüse vor dem Servieren erwärmen und mit den Cashewkernen bestreuen.

WEISSKOHL-KARI – GESCHMORTER WEISSKOHL IN TOMATEN-GEWÜRZ-SAUCE

Für 2 Personen
Zubereitungszeit 20 Minuten
Garzeit 35 Minuten

½ Weißkohl
2 Knoblauchzehen
1 Zwiebel
1 TL Kreuzkümmelsaat
½ TL schwarze Pfefferkörner
1 TL schwarze Senfsaat
3 Gewürznelken
1 EL Butter
1 EL Olivenöl
2 EL Tomatenmark
Salz
1 fingerdickes Stück Ingwer (3 cm)
½ TL Chiliflocken
2 Lorbeerblätter
400 g stückige Tomaten (aus der
   Dose)
frisch gemahlener schwarzer
   Pfeffer
3 Stängel Petersilie

Schmoren bekommt vor allem festen Kohlsorten gut, da die Blattstrukturen aufgebrochen werden. Durch die Zugabe von Gewürzen, die auch zu einer besseren Verdaulichkeit beitragen, wird der Schmorkohl besonders aromatisch. Das Kohl-Kari ist perfekt für Meal Prep geeignet, denn es schmeckt durchgezogen am nächsten oder übernächsten Tag noch aromatischer und würziger.

1) Den Kohl vierteln, eventuelle beschädigte äußere Blätter entfernen und den Kohl gründlich waschen. Den Strunk herausschneiden. Den Kohl in Streifen schneiden. Den Knoblauch und die Zwiebel abziehen und würfeln. Den Kreuzkümmel, den Pfeffer, die Senfsaat und die Gewürznelken im Mörser zerstoßen.

2) Die Butter und das Olivenöl in einem Bräter erhitzen und die Gewürze darin kurz anrösten. Dann den Kohl, die Zwiebel und den Knoblauch zugeben und unter Rühren mehrere Minuten anbraten.

3) Anschließend das Tomatenmark zufügen und unter Rühren anrösten. Die Kohlmasse mit 1 TL Salz würzen. Den Ingwer schälen und reiben. Chili, Ingwer, Lorbeer, stückige Tomaten sowie 100 ml Wasser angießen und aufkochen. Das Kari bei niedriger Temperatur 20–25 Minuten garen, dabei gelegentlich umrühren. Zuletzt mit Salz und Pfeffer würzig abschmecken.

4) Zum Mitnehmen das Weißkohl-Kari in Lunchboxen umfüllen, die Petersilie separat abpacken. Bis zum Verzehr im Kühlschrank aufbewahren.

5) Das Kari vor dem Servieren erwärmen. Die Petersilie waschen, trockentupfen und hacken. Das Kari damit toppen. Dazu schmeckt Fladenbrot.

WIRSING MIT GLASIERTEM TOFU

Für 2 Personen
Zubereitungszeit 15 Minuten
Garzeit 15 Minuten

½ Wirsing
1 Zwiebel
3 entsteinte Datteln
2 EL Olivenöl
100 ml Gemüsebrühe
Salz
frisch gemahlener schwarzer
  Pfeffer
frisch gemahlene Muskatnuss
1 fester Tofu (ca. 200 g)
1–2 EL Speisestärke
5 EL Sojasauce
2 TL flüssiger Honig
2 TL Sonnenblumenkerne

Wer Kohl liebt, kommt im Herbst und Winter voll auf seine Kosten. Besonders schnell auf dem Teller steht dieser Pfannenwirsing, der sich mit einem Schuss Sahne oder entsprechender pflanzlicher Alternative rasch zu einer cremigen Variante umwandeln lässt. Die Süße der Datteln harmoniert bestens mit dem intensiven Kohlgeschmack.

1) Den Wirsing putzen, waschen, den Strunk herausschneiden und die Kohlblätter in dünne Streifen schneiden. Die Zwiebel abziehen und in Spalten schneiden. Die Datteln klein schneiden.

2) 1 EL Olivenöl in einer Pfanne erhitzen und den Wirsing darin anschwitzen. Die Datteln zusammen mit der Zwiebel zugeben. Die Brühe angießen, alles mit Salz, Pfeffer sowie Muskat würzen und abgedeckt 5–8 Minuten garen.

3) Inzwischen den Tofu in Scheiben schneiden und trockentupfen. In Speisestärke wenden und im restlichen Olivenöl (1 EL) anbraten. Die Sojasauce, den Honig, 3 EL Wasser und die Sonnenblumenkerne zugeben, mit Salz und Pfeffer würzen. Die Tofuscheiben in der Sauce von beiden Seiten anrösten.

4) Zum Mitnehmen den Wirsing auf Lunchboxen verteilen, den Tofu darauflegen und mit der Sauce beträufeln. Bis zum Verzehr im Kühlschrank aufbewahren. Vor dem Servieren erwärmen.

Tipp
Aus dem übrigen Wirsing zum Beispiel das Rezept »Cremiges Kürbis-Wirsing-Gemüse« von Seite 44 zubereiten.

GRÜNKOHL-EINTOPF
MIT PERLCOUSCOUS

Für 2 Personen
Zubereitungszeit 20 Minuten
Garzeit 20 Minuten

250 g Tiefkühl-Grünkohl oder
    400-500 g frischer Grünkohl
2 Knoblauchzehen
2 Süßkartoffeln
1 Stück Räuchertofu (ca. 150 g)
2 EL geröstetes Sesamöl
750 ml Gemüsebrühe
100 g Perlcouscous (Garzeit
    8-10 Minuten)
Salz
frisch gemahlener schwarzer
    Pfeffer
frisch geriebene Muskatnuss
½ unbehandelte Zitrone
½ TL Zimtpulver

Eintöpfe sind wahre Zeitwunder in der Küche. Sie kochen, nach ein bisschen »Schnippelarbeit«, ganz von allein und schmecken am nächsten und übernächsten Tag doppelt so gut. Übrigens eignen sich alle Kohlsorten für diesen Eintopf, also einfach Lieblingssorte einkaufen und loskochen.

1) Tiefgekühlten Grünkohl (wenn verwendet) antauen lassen. Frischen Grünkohl (wenn verwendet) waschen, putzen, die dicken Blattstiele entfernen und die Blätter hacken. Anschließend in kochendem Salzwasser 2 Minuten blanchieren. Dann kalt abschrecken und gut abtropfen lassen.

2) Den Knoblauch abziehen und in Scheiben schneiden. Die Süßkartoffeln waschen, schälen und würfeln. Den Tofu ebenfalls würfeln.

3) Das Sesamöl in einem Topf erhitzen. Grünkohl, Knoblauch und Süßkartoffeln darin unter gelegentlichem Wenden 2–3 Minuten anbraten. Dann die Brühe angießen und den Perlcouscous sowie den Räuchertofu zugeben. Mit etwas Salz, Pfeffer und Muskat würzen. Köcheln lassen, bis die Süßkartoffeln und der Couscous gar sind.

4) Die Zitrone heiß waschen, trockentupfen und etwas Schale fein abreiben. Den Eintopf mit dem Zitronenabrieb, Zimt sowie nach Bedarf zusätzlich Salz würzen.

5) Zum Mitnehmen den Eintopf in Lunchboxen umfüllen und bis zum Verzehr im Kühlschrank aufbewahren. Vor dem Servieren erwärmen.

FLEXIBEL – FRISCH KOCHEN ODER MEAL-PREPPEN

Gerichte, die in der Mittagspause zubereitet werden
können, sich aber auch zum
Mitnehmen eignen.

KALTE AVOCADO-SALAT-SUPPE

Für 2 Personen
Zubereitungszeit 10 Minuten

1 Avocado

2 Romanasalatherzen

3 Stängel Petersilie

1 Knoblauchzehe (optional)

Saft von 1 Limette

Salz

frisch gemahlener schwarzer
    Pfeffer

2 EL Cashewkerne

4–5 große Eiswürfel

Olivenöl zum Beträufeln

Im Sommer bieten sich kalte Suppen oder ein Salat an, wenn man nicht kochen will oder es draußen zu heiß ist, um auch noch zusätzlich warm zu essen. Eine besonders erfrischende und cremige Variante ist diese Salatsuppe. Mit reichlich wertvollen Inhaltsstoffen und schnell fertig.

1) Die Avocado halbieren, den Stein entfernen und das Fruchtfleisch mit einem Esslöffel aus den Schalen lösen. Den Romanasalat und die Petersilie waschen, abtropfen lassen und etwas zerzupfen. Den Knoblauch, falls verwendet, abziehen.

2) Die vorbereiteten Zutaten mit dem Limettensaft in einen Hochleistungsmixer geben und mit je 2 Prisen Salz und Pfeffer würzen. Die Cashewkerne, 200 ml kaltes Wasser und die Eiswürfel hinzufügen. Die Suppe auf höchster Stufe 1 Minute pürieren.

3) Anschließend die Suppe in Schalen verteilen. Mit etwas Olivenöl beträufeln und servieren.

Meal Prep
Zum Mitnehmen die Suppe in einen Smoothie- oder einen Thermobecher füllen. (Vor allem Thermobecher halten auch kalte Speisen lange kühl.) Wie oben beschrieben anrichten.

BROKKOLI-TABOULÉ MIT HALLOUMI

Für 2 Personen
Zubereitungszeit 10 Minuten
Quellen 10 Minuten
Garzeit 20 Minuten

50 g feiner Bulgur (Weizengrütze;
    z. B. im türkischen Supermarkt
    oder online erhältlich)
1 kleiner Brokkoli
5 EL Olivenöl
1 großes Bund glatte Petersilie
    (ca. 100 g)
4 Stängel Minze
1 Zweig Rosmarin
100 g Kirschtomaten
2 Frühlingszwiebeln
2 EL gehackte Pistazienkerne
Salz
frisch gemahlener schwarzer
    Pfeffer
Saft von 1 Zitrone
1 Halloumi (200 g)

Aus Brokkoli, Blumenkohl und Romanesco lassen sich klassische Beilagen, wie Reis oder Couscous, zubereiten. Klein gehäckselt ähnelt ihre Struktur der von Reis oder Getreideprodukten und lässt sich leicht in zahlreiche Gerichte integrieren. Wer auf rohen Kohl empfindlich reagiert, dämpft ihn kurz, wie im Rezept angegeben, das muss aber nicht zwingend sein.

---

1) Den Bulgur knapp mit heißem Wasser bedecken und 10 Minuten quellen lassen.

2) Inzwischen den Brokkoli waschen, den Stiel schälen und alles in grobe Stücke teilen bzw. schneiden. Die Stücke in der Küchenmaschine häckseln. 1 EL Olivenöl in einer Pfanne erhitzen, den Brokkoli darin unter Rühren 2–3 Minuten erhitzen, bis er dampft.

3) Die Petersilie, die Minze und den Rosmarin waschen und trockentupfen. Vom Rosmarin die Nadeln abzupfen, die übrigen Kräuter samt Stielen hacken. Die Tomaten waschen und vierteln. Die Frühlingszwiebeln putzen, waschen und klein schneiden.

4) Den Bulgur in einem Sieb abgießen und zusammen mit Brokkoli, Kräutern, Tomaten, Frühlingszwiebeln und Pistazien in einer Schüssel mischen. Mit Salz, Pfeffer und dem Zitronensaft würzen. Zuletzt 2 EL Olivenöl unterrühren.

5) Den Halloumi in Scheiben schneiden (für die Meal-Prep-Version in Würfel schneiden), mit dem restlichen Olivenöl (2 EL) beträufeln und in einer Pfanne braun braten.

6) Den Halloumi auf dem Taboulé anrichten und servieren.

Meal Prep
Das Brokkoli-Taboulé in Lunchboxen verteilen, die Halloumiwürfel darübergeben. Bis zum Verzehr im Kühlschrank aufbewahren.

Meal Prep

Die Ziegenkäsecreme auf Lunchboxen verteilen
und die Paprika daraufgeben. Die Gremolata
separat abpacken. Bis zum Verzehr im Kühlschrank
aufbewahren. Vor dem Servieren etwa 30 Minuten bei
Zimmertemperatur akklimatisieren lassen. Wie oben
beschrieben anrichten.

GERÖSTETE PAPRIKA MIT GREMOLATA UND ZIEGENKÄSECREME

Für 2 Personen
Zubereitungszeit 20 Minuten
Garzeit 20–25 Minuten

4 gelbe Paprikaschoten
6 EL Olivenöl
1 Stück weicher Ziegenkäse (Feta
   aus Ziegenmilch; 150 g)
150 g griechischer Jogurt
1 unbehandelte Zitrone
Salz
frisch gemahlener schwarzer
   Pfeffer
1 Bund Petersilie (ca. 40 g)
2 Knoblauchzehen

Dieses Gericht ist eines der besten, die im Sommer auf den Tisch kommen können. Würzige Fetacreme – bitte unbedingt mit einem frischen Baguette genießen – und dazu weich geschmorte Paprikastreifen. Ich empfehle, die doppelte Menge vorzubereiten, das lohnt sich vor allem bei den Paprika. Übriges Gemüse kann dann als Antipasti serviert werden.

1) Den Backofen auf 220 °C Ober-/Unterhitze vorheizen.

2) Die Paprika waschen, trockentupfen, den Strunk herausdrehen und die Samen entfernen. Das Fruchtfleisch in Stücke schneiden und rundum mit 1–2 EL Olivenöl einstreichen. Das Gemüse mit der Haut nach oben auf einem mit Backpapier ausgelegten Backblech verteilen und im heißen Ofen 20–25 Minuten garen. Die Paprika sind fertig, wenn die Haut an manchen Stellen schwarz ist, Blasen wirft und das Fruchtfleisch weich geworden ist. Die Paprika dann aus dem Ofen nehmen, mit einem zweiten Backblech abdecken und 10 Minuten beiseitestellen. Anschließend die Haut der Paprika abziehen und die Schoten in Streifen schneiden.

3) Für die Ziegenkäsecreme den Käse zerbröckeln. Mit dem Joghurt, einem Spritzer Saft der Zitrone, etwas Salz und Pfeffer in der Küchenmaschine zu einer feinen Creme vermischen, dabei nach und nach 3 EL Olivenöl zugeben.

4) Für die Gremolata die Petersilie waschen und trockentupfen. Den Knoblauch abziehen. Die Zitrone heiß waschen, trockentupfen und mit dem Sparschäler drei Schalenstreifen abziehen. Die Zitronenschale, die Petersilie samt den Stielen und die Knoblauchzehen fein hacken.

5) Die Ziegenkäsecreme auf zwei Teller verteilen, verstreichen und die Paprika daraufgeben. Mit der Gremolata bestreuen, das übrige Olivenöl darüberträufeln und servieren.

GEBACKENE BLUMENKOHL-STEAKS

Für 2 Personen
Zubereitungszeit 15 Minuten
Garzeit 30-40 Minuten

1 Blumenkohl
3 EL Olivenöl
1 TL gemahlener Kreuzkümmel
1 TL geräuchertes Paprikapulver
½ TL Kurkumapulver
Salz
3 EL Tomatenmark
3 EL Sojasauce
2 TL flüssiger Honig
100 ml Gemüsebrühe
4 Maistortillas (alternativ Brot oder Baguette)
1 Handvoll Rucola

Ob als moderne Reisalternative oder als Steak, Blumenkohl hat seit einiger Zeit sein angestaubtes Image als in Wasser gekochter Kohlgigant verloren. Zum Glück, denn vor allem mit Röstnoten ist er ein wahres Aromenwunder.

1) Den Backofen auf 200 °C Ober-/Unterhitze vorheizen.

2) Den Blumenkohl waschen, putzen und in dicke Scheiben schneiden. Die Scheiben und eventuelle kleinere übrige Stücke auf einem mit Backpapier ausgelegten Backblech verteilen.

3) Das Olivenöl mit Kreuzkümmel, Paprika- und Kurkumapulver sowie 1 TL Salz verrühren. Den Blumenkohl mit dieser Marinade einstreichen und im heißen Ofen insgesamt 30–40 Minuten garen. Dazwischen das Tomatenmark mit Sojasauce, Honig und 2 EL Wasser zu einer Glasur verrühren und den Blumenkohl nach jeweils 10 Minuten (insgesamt dreimal während der Garzeit) mit einem Teil der Glasur bestreichen.

4) Die übrige Glasur in einem Topf mit der Gemüsebrühe aufkochen und 2–3 Minuten köcheln lassen.

5) Die Tortillafladen kurz vor Ende der Garzeit zum Blumenkohl in den Ofen geben und 1 Minute erwärmen. Den Rucola waschen und trockenschleudern.

6) Die Blumenkohl-Steaks mit den Tortillafladen anrichten, den Rucola daraufgeben und mit der eingekochten Glasur beträufelt servieren.

Tipp
Auch Hummus zum Dippen passt sehr gut zu diesem Gericht.

Meal Prep

Die Blumenkohl-Steaks mit der Sauce in Lunchboxen verteilen, den Rucola und die Tortillafladen separat abpacken. Bis zum Verzehr im Kühlschrank aufbewahren. Die Blumenkohl-Steaks und die Tortillafladen vor dem Servieren erwärmen und mit dem Rucola toppen. Der Rucola kann schon 2–3 Tage vor dem Verzehr gewaschen und trockengeschleudert werden. Dann mit etwas Restfeuchte in einer Frischhaltedose im Kühlschrank aufbewahren.

BLUMENKOHL-GRÖSTL

Für 2 Personen
Zubereitungszeit 20 Minuten
Garzeit 15 Minuten

1 mittelgroßer Blumenkohl
(alternativ Blumenkohlreste
vom Vortag)
1 fingerdickes Stück Ingwer (2 cm)
2 EL Olivenöl
100 g frischer Blattspinat
1 Dose Mais (Abtropfgewicht
ca. 220 g)
Salz
frisch gemahlener schwarzer
Pfeffer
½ TL Chiliflocken
1 Stück Feta (Schafskäse; ca. 150 g)
1 Bund Schnittlauch

Das Tiroler Gröstl, der Ideengeber für dieses Gericht, ist eine nachhaltige Resteverwertung des Sonntagsbratens: Das übrig gebliebene Fleisch wird im österreichischen Original unter anderem mit Kartoffeln und Zwiebeln gebraten, meist kommt noch ein Ei darauf. Beim Blumenkohl-Gröstl können Sie ebenfalls Reste verwenden – sowohl das Blumenkohl-Steak von Seite 68 als auch der ganze Blumenkohl von Seite 72 eignen sich. Und obendrauf ein Spiegelei – das passt hier genauso gut.

1) Den Blumenkohl waschen, gut abtropfen lassen und klein schneiden. Den Ingwer schälen und hacken.

2) Das Olivenöl in einer Pfanne erhitzen. Den Blumenkohl und den Ingwer darin unter gelegentlichem Wenden 5–8 Minuten anbraten.

3) Inzwischen den Spinat waschen, trockenschleudern, die Blätter und Stiele klein schneiden. Den Mais abgießen.

4) Den Spinat zur Blumenkohlmasse geben und 2–3 Minuten mitgaren. Dann kräftig mit Salz, Pfeffer und Chili würzen. Den Mais hinzufügen und 2–3 Minuten erhitzen.

5) Kurz vor dem Servieren den Feta zerbröckeln und über das Gröstl geben. Den Schnittlauch waschen, trockenschütteln, in Röllchen schneiden und das Blumenkohl-Gröstl damit bestreuen.

Meal Prep
Das Gröstl in Lunchboxen verteilen, den Feta und die Schnittlauchröllchen separat abpacken. Bis zum Verzehr im Kühlschrank aufbewahren. Das Gröstl vor dem Servieren erwärmen. Den Feta darüberbröckeln und mit Schnittlauchröllchen bestreuen.

GEBACKENER BLUMENKOHL – IM GANZEN GEGART

Für 4 Personen
Zubereitungszeit 15 Minuten
Garzeit etwa 40 Minuten

Für den Blumenkohl
Salz
1 großer Blumenkohl
2 Kardamomkapseln
3 Gewürznelken
½ TL schwarze Pfefferkörner
1 TL Koriandersaat
3 EL Olivenöl
½ TL Kurkumapulver

Für das Dukkah
½ TL Kreuzkümmelsaat
½ TL Koriandersaat
2 EL gehackte Haselnusskerne
2 EL gehackte Mandeln
1 EL Sesamsaat

Außerdem
4–5 Stängel Petersilie
150 ml neutrales Pflanzenöl

Gekochter Blumenkohl mit Semmelbröselbutter – eine meiner Kindheitserinnerungen an den hübschen Kohlkopf. Ich mag ihn bis heute sehr. Das Kohlaroma verträgt intensive Röstaromen und Gewürze, das schaffen das Garen im Ofen und die selbst gemachte Gewürzmischung Dukkah ganz rasch.

---

1) Für den Blumenkohl ausreichend Wasser zum Garen in einem großen Topf aufkochen und salzen. Den Kohl waschen und die äußeren Blätter entfernen. Den Kohl mit einer Fleischgabel im Strunk anstechen und kopfüber in das kochende Wasser tauchen. Bei mittlerer Temperatur 10–15 Minuten vorgaren.

2) Den Backofen auf 200 °C Ober-/Unterhitze vorheizen. Ein Backblech oder eine Auflaufform bereitstellen.

3) Für die Marinade des Blumenkohls die Kardamomkapseln öffnen und die Samen herauslösen. Kardamom, Nelken, Pfeffer, Koriander und ½ TL Salz im Mörser zerstoßen. Das Olivenöl und die Kurkuma unterrühren.

4) Den Blumenkohl aus dem Wasser heben, gut abtropfen lassen und auf das Backblech oder in die Auflaufform setzen. Rundum mit der Marinade einstreichen und im heißen Ofen 20–25 Minuten backen.

5) Für das Dukkah Kreuzkümmel und Koriander im Mörser zerstoßen. Nüsse, Mandeln sowie Sesam zugeben und nur leicht zerstoßen. Die Mischung kurz in einer Pfanne ohne Fettzugabe anrösten, bis sie zu duften beginnt.

6) Die Petersilie waschen, trockentupfen und grob zerzupfen. Mit dem Pflanzenöl in einem hohen Gefäß 1 Minute fein pürieren. Anschließend das Petersilienöl nach Belieben durch ein feines Sieb seihen.

7) Den fertigen Blumenkohl mit dem Dukkah bestreut servieren. Das Petersilienöl dazu reichen.

72

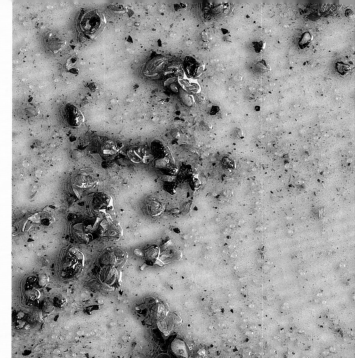

Meal Prep

Den Blumenkohl halbieren und auf Lunchboxen verteilen, das Dukkah und das Petersilienöl separat abpacken. Das Dukkah bis zum Verzehr bei Zimmertemperatur aufbewahren, den Blumenkohl und das Petersilienöl im Kühlschrank. Den Blumenkohl vor dem Servieren erwärmen und wie oben beschrieben anrichten.

GEBRATENE ROTE BETE MIT SESAM-LABNEH

Für 2 Personen
Zubereitungszeit 10 Minuten plus
über Nacht zum Abtropfen
Garzeit 10 Minuten

Für das Labneh

500 g Joghurt (am besten mit
    10 % Fettgehalt)
½ unbehandelte Zitrone
Salz
2 TL Sesamsaat plus mehr zum
    Toppen (optional)
1 EL helles Tahin (Sesammus)
4 Frühlingszwiebeln

Für das Gemüse

4 frische Rote Beten
    (ca. 500 g, am besten mit
    Einweghandschuhen
    bearbeiten)
1 TL Koriandersaat
2 EL Olivenöl plus mehr zum
    Toppen (optional)
Salz
frisch gemahlener schwarzer
    Pfeffer
½ TL Ingwerpulver

Farbe auf den Teller zu bringen, funktioniert mit Rote Bete ganz wunderbar. Roh gebraten entwickelt die Knolle ihr warm-würziges, erdiges Aroma am besten.

1) Am Vortag für das Labneh den Joghurt in ein mit einem sauberen Mulltuch ausgelegtes Sieb geben und im Kühlschrank über Nacht abtropfen lassen.

2) Am nächsten Tag für das Gemüse die Rote Bete waschen, schälen und würfeln. Die Koriandersaat in einem Mörser zerstoßen.

3) Das Olivenöl in einer Pfanne erhitzen und die Rote Bete darin bei mittlerer Temperatur 10 Minuten anbraten. Mit Salz, Pfeffer, Koriander und Ingwer würzen. Das Labneh in eine Schale umfüllen. Die Zitrone heiß waschen, trockentupfen und etwas Schale fein abreiben. Das Labneh mit 1 Prise Salz, dem Sesam, dem Tahin und etwas Zitronenabrieb glatt rühren. Die Frühlingszwiebeln putzen, waschen, trockentupfen und fein schneiden.

4) Das Labneh auf zwei Teller verteilen, die Rote Bete daraufgeben und mit den Frühlingszwiebeln bestreut servieren. Optional mit etwas Sesamsaat, Olivenöl und Zitronenabrieb toppen.

Meal Prep

Das Labneh auf Lunchboxen verteilen, die Rote Bete und die Frühlingsröllchen separat abpacken. Die Rote Bete nach Geschmack vor dem Servieren leicht erwärmen. Wie oben beschrieben anrichten.

Warenkunde

Koriandersaat behält ihre feine Zitrusnote, wenn sie nicht mit erhitzt wird. Gemahlener Ingwer ist weniger fruchtig als frischer, hat dafür aber mehr Schärfe. Beide Gewürze geben dem Gemüse ein würziges Aroma.

BROKKOLI-BULETTEN MIT CREMIGER SAUCE

Für 2 Personen
Zubereitungszeit 15 Minuten
Garzeit 20 Minuten

Für die Buletten

1 kleiner Brokkoli
50 g zarte Haferflocken
4–5 EL Kichererbsenmehl
Salz
frisch gemahlener schwarzer
 Pfeffer
2 TL Ras el-Hanout (alternativ
 Currypulver)
3-4 EL Olivenöl zum Braten

Für die Sauce

1 Knoblauchzehe
1 Zwiebel
1 EL Olivenöl
1 gestrichener EL Weizenmehl
 Type 405
1 TL getrockneter Thymian
300 ml Gemüsebrühe
100 g süße Sahne
Salz
frisch gemahlener schwarzer
 Pfeffer
½ TL gemahlener Kreuzkümmel
1 Spritzer frisch gepresster
 Zitronensaft

Kohlsorten bekommen ein wunderbar kräftiges Aroma, wenn man sie brät oder im Backofen röstet. Diese Buletten sind ein tolles Alltagsgericht und lassen sich zur Abwechslung auch mit Blumenkohl oder Romanesco zubereiten. Zu kleinen Bällchen geformt und gebraten, finde ich sie perfekt, um einen Salat zu toppen. Übrigens ist die Sauce ebenso einfach vegan gemacht mit pflanzlicher Sahne.

1) Für die Buletten den Brokkoli putzen, waschen, grob raspeln oder in der Küchenmaschine häckseln. In eine Schüssel geben und mit den Haferflocken, dem Kichererbsenmehl, 1 TL Salz, etwas Pfeffer, dem Ras el-Hanout und 100 ml Wasser vermengen. Die Masse abgedeckt 15 Minuten quellen lassen.

2) Inzwischen für die Sauce den Knoblauch und die Zwiebel abziehen, würfeln und im Olivenöl glasig anschwitzen. Das Mehl und den Thymian zugeben und hell anschwitzen. Anschließend die Brühe sowie die Sahne unter Rühren aufgießen. Unter kräftigem Rühren aufkochen und bei mittlerer Temperatur 10 Minuten köcheln lassen. Die Sauce mit Salz, Pfeffer, Kreuzkümmel und dem Zitronensaft würzen.

3) Die Brokkolimasse zu Buletten formen und in einer Pfanne im Olivenöl von beiden Seiten knusprig braun braten. Die Buletten mit der Sauce anrichten.

Meal Prep

Die Buletten in Lunchboxen verteilen, die Sauce separat abfüllen. Bis zum Verzehr im Kühlschrank aufbewahren. Vor dem Servieren erwärmen.

Tipp fürs Homeoffice

Die Brokkolimasse kann am Vortag zubereitet und im Kühlschrank aufbewahrt werden. Zum Lunch formen und braten.

MAIS-DIPPERS MIT RUCOLA

Für 2 Personen
Zubereitungszeit 10 Minuten
Garzeit 20 Minuten

Für die Mais-Dippers

1 kleine Dose Mais
  (Abtropfgewicht ca. 120 g)
1 kleine Dose Linsen
  (Abtropfgewicht ca. 100 g)
50 g Reibekäse
3 EL Weizenmehl Type 405
3 EL Milch
1 TL Korianderpulver
Salz
frisch gemahlener schwarzer
  Pfeffer
frisch geriebene Muskatnuss
5 Stängel Petersilie
3-4 EL Olivenöl

Außerdem

2 Handvoll Rucola
200 g Schmand (alternativ Crème
  fraîche)

Rösti, Puffer oder Dippers, sie haben viele Namen und ihre Berechtigung auf unserem Speiseplan, vor allem beim Thema Modern Lunch. Denn hier wandert eine würzige Masse in die Pfanne und heraus kommen knusprige und saftige kleine Puffer. Perfekt auch zum Mitnehmen, denn sie schmecken kalt und warm.

1) Den Mais und die Linsen in einem Sieb abtropfen lassen. Dann in eine Schüssel geben und mit dem Käse, dem Mehl, der Milch, dem Korianderpulver, ½ TL Salz, je 2 Prisen Pfeffer und Muskat vermengen. Die Petersilie waschen, trockentupfen, hacken und die Hälfte davon in die Masse mischen.

2) 1 EL Öl in einer Pfanne erhitzen. Die Maismasse mit einem Esslöffel portionsweise hineingeben und die Dippers von beiden Seiten goldbraun und knusprig ausbacken.

3) Den Rucola waschen und trockenschleudern. Die Puffer mit der übrigen Petersilie bestreuen und warm mit dem Rucola sowie dem Schmand zum Dippen servieren.

Meal Prep

Die Mais-Dippers auf Lunchboxen verteilen, die Petersilie und den Schmand separat abpacken. Bis zum Verzehr im Kühlschrank aufbewahren. Die Dippers vor dem Servieren etwas erwärmen, sie schmecken aber auch kalt. Wie oben beschrieben anrichten.

GEMÜSE-FRITTATA

Für 2 Personen
Zubereitungszeit 15 Minuten
Garzeit 15 Minuten

1–2 Karotten
¼ Blumenkohl
2–3 Frühlingszwiebeln (alternativ
  ½ Stange Lauch)
3–4 Pilze (z. B. braune
  Champignons)
100 g rote Bohnen aus der Dose
2 EL Olivenöl
4 Eier
1 TL gemahlener Kreuzkümmel
  (alternativ andere Gewürze)
Salz
frisch gemahlener schwarzer
  Pfeffer
1 TL Szechuanpfeffer
2–3 Stängel oder Zweige Kräuter
  nach Wahl
1 Msp. Chiliflocken

Ich liebe Zero-Waste-Küche! Denn es lassen sich aus Resten köstliche Gerichte zaubern, bei denen keiner an Übriggebliebenes denkt. Eine Frittata, wie auch ein Omelett oder eine Tortilla, ist dafür wie gemacht.

1) Die Karotten waschen, schälen und würfeln. Den Blumenkohl waschen und klein schneiden. Die Frühlingszwiebeln putzen, waschen und in Ringe schneiden. Die Pilze trocken abreiben und vierteln. Die Bohnen abgießen und abspülen.

2) Das Gemüse in einer Pfanne im heißen Olivenöl 3–4 Minuten anbraten. Dann die Bohnen zugeben. Die Eier mit dem Kreuzkümmel, ½ TL Salz und etwas Pfeffer in einer Schale verquirlen. Anschließend über dem Gemüse verteilen und auf dem Herd bei niedriger Temperatur abgedeckt etwa 10 Minuten stocken lassen. Alternativ im vorgeheizten Backofen bei 180 °C Ober-/Unterhitze 10 Minuten garen.

3) Den Szechuanpfeffer im Mörser zerstoßen. Die Kräuter waschen, trockentupfen und hacken. Die fertige Frittata mit Szechuanpfeffer, Kräutern und Chiliflocken bestreuen und servieren.

Meal Prep
Die Frittata auf Lunchboxen verteilen und bis zum Verzehr im Kühlschrank aufbewahren. Vor dem Servieren erwärmen und wie oben beschrieben anrichten.

Tipp
Die Frittata ist ein ideales Gericht zur Reste-verwertung. Sie können jegliches Gemüse, ob roh oder vom Vortag bereits gegart, dafür verwenden. Auch die Bohnen lassen sich austauschen. Andere Hülsenfrüchte, Reis, Nudeln, Kartoffeln, Getreide, alles kann in die Pfanne wandern.

GEBRATENER SELLERIE
MIT ROMANASALAT

Für 2 Personen
Zubereitungszeit 20 Minuten
Garzeit 20 Minuten

1 mittelgroßer Sellerie (ca. 500 g)
2 EL Olivenöl
1 TL Currypulver
1 TL edelsüßes Paprikapulver
1 TL geräuchertes Paprikapulver
½ TL Knoblauchgranulat
1 TL getrockneter Thymian
2 TL brauner Zucker
1 EL weiche Butter
Salz
2 EL Schmand
1 TL Senf
1 TL Zucker
Saft von ½ Zitrone
2 TL Kapern
frisch gemahlener schwarzer
    Pfeffer
3 Romanasalatherzen
50 g Sonnenblumenkerne
50 g Kürbiskerne

Meine Vorliebe für Wurzelgemüse ist bei der Auswahl der Modern-Lunch-Rezepte nicht zu übersehen. Da gehört natürlich auch Sellerie dazu. Sein Comeback hatte er vor einigen Jahren als Püree, diese Zubereitung ist sehr fein, wie ich finde. Doch auch gebraten kann die Knolle so einiges.

1) Den Sellerie waschen, schälen und in 1 cm dicke Scheiben schneiden. Die Scheiben in einer Pfanne im heißen Olivenöl von beiden Seiten 2–3 Minuten anbraten. Dann mit einem Schuss Wasser ablöschen und abgedeckt 5 Minuten garen.

2) Für die Marinade des Selleries das Currypulver mit beiden Paprikapulversorten, Knoblauchgranulat, Thymian, Zucker, Butter und ½ TL Salz verrühren. Den Sellerie dann offen trocken einkochen lassen. Anschließend mit der Marinade bestreichen und unter mehrmaligem Wenden braun anbraten.

3) Für das Salatdressing den Schmand mit Senf, Zucker, dem Zitronensaft, 2 EL Wasser, den Kapern sowie je 2 Prisen Salz und Pfeffer in einem hohen Gefäß pürieren.

4) Den Romanasalat waschen, trockenschleudern und der Länge nach in Streifen schneiden. Zuletzt die Sonnenblumen- und Kürbiskerne mit in die Pfanne geben und in der Gewürzbutter kurz mit anrösten.

5) Den Salat auf Teller verteilen, mit dem Dressing beträufeln und die Kerne darüberstreuen. Die Selleriesteaks dazulegen und servieren.

Meal Prep

Die Selleriesteaks auf Lunchboxen verteilen, den Salat und das Dressing jeweils getrennt abpacken. Bis zum Verzehr im Kühlschrank aufbewahren. Die Selleriesteaks vor dem Servieren erwärmen, inzwischen den Salat auf Teller verteilen und mit dem Dressing beträufeln. Im Übrigen wie oben beschrieben anrichten.

GEBACKENER SPITZKOHL MIT HARISSA-LIMETTEN-SAUCE

Für 2 Personen
Zubereitungszeit 20 Minuten
Garzeit 20 Minuten

Für den Spitzkohl

1 Spitzkohl
2 EL Olivenöl
3 EL Sojasauce
1 EL Ahornsirup
Salz

Für das Topping

2 EL Rosinen
2 EL Mandelblättchen
2 Stängel Dill
2 EL Olivenöl

Für die Harissa-Limetten-Sauce

250 g griechischer Joghurt
1 TL Harissa (Paste oder
   Gewürzmischung)
1 EL Ahornsirup
Saft von 1 Limette
Chiliflocken zum Würzen
Salz
frisch gemahlener schwarzer
   Pfeffer

Spitzkohl ist die zarteste unter den Kohlsorten und damit auch schneller gar als beispielsweise Rot- oder Weißkohl. Er ist etwa ab Frühsommer bis in den Herbst hinein erhältlich. Ob als Salat zubereitet oder wie hier im Ofen gebacken, der strenge Kohlgeschmack fehlt ihm.

1) Für den Spitzkohl den Backofen auf 170 °C Ober-/Unterhitze vorheizen.

2) Den Kohl waschen, eventuelle beschädigte Blätter entfernen, den Kohl in Spalten schneiden und in eine Auflaufform legen.

3) Eine Marinade zubereiten. Dafür das Olivenöl mit Sojasauce, Ahornsirup und ½ TL Salz verrühren. Die Spalten damit einstreichen und im heißen Ofen 15–20 Minuten garen.

4) Inzwischen für das Topping die Rosinen hacken. Die Mandel-blättchen in einer Pfanne ohne Fettzugabe anrösten. Den Dill waschen, trockentupfen und hacken. Rosinen, Mandeln, Dill und Olivenöl in einer Schale vermengen.

5) Für die Harissa-Limetten-Sauce den Joghurt mit Harissa, Ahornsirup, Limettensaft, Chiliflocken und je 1 Prise Salz und Pfeffer würzen.

6) Den Spitzkohl aus dem Ofen nehmen. Mit der Sauce und dem Topping auf Teller verteilen und servieren.

Meal Preap
Den Spitzkohl in Lunchboxen verteilen, das Topping und die Harissa-Limetten-Sauce separat abpacken. Den Spitzkohl vor dem Servieren erwärmen und wie oben beschrieben anrichten.

FENCHEL-ERBSEN-AUFLAUF

Für 2 Personen
Zubereitungszeit 15 Minuten
Garzeit 30-35 Minuten

2 Fenchelknollen

1 Becher Crème fraîche (150 g)

2 Eier

1 TL edelsüßes Paprikapulver

1 TL körniger Dijonsenf

Salz

frisch gemahlener schwarzer
  Pfeffer

250 g Tiefkühl-Erbsen, angetaut

100 g geriebener Käse (Hartkäse
  oder Schnittkäse)

75 g grobe Pankobrösel

2 EL Olivenöl

4 Stängel Dill

Aufläufe sind im Alltag dankbare Begleiter, da sie im Ofen garen, während man gleichzeitig nebenher etwas erledigen kann. Hier mal eine kleine Menge für 1-2 Personen. Oftmals sind solche Zubereitungen ja für eine ganze Familie gedacht. Heute für zwei Portionen zum Teilen oder zum Selberessen - schmeckt auch am nächsten Tag noch köstlich, versprochen!

1) Den Backofen auf 200 °C Ober-/Unterhitze vorheizen.

2) Den Fenchel waschen und in dünne Scheiben hobeln. Die Crème fraîche mit Eiern, Paprika, Senf, ½ TL Salz und 2 Prisen Pfeffer in einer Schüssel verrühren. Fenchel und Erbsen zugeben und vermengen.

3) Die Mischung in einer Auflaufform (etwa 12 x 15 cm oder Durchmesser 18 cm) verteilen, mit dem Käse bestreuen und im heißen Ofen 30–35 Minuten backen.

4) Währenddessen die Pankobrösel mit dem Olivenöl vermischen. 10 Minuten vor Ende der Garzeit des Auflaufs die Pankobrösel darauf verteilen und diesen fertig garen.

5) Den Dill waschen, trockentupfen und hacken. Den Auflauf auf Teller verteilen, mit dem Dill bestreuen und servieren.

Meal Prep
Den Auflauf auf Lunchboxen verteilen, den Dill separat abpacken. Bis zum Verzehr im Kühlschrank aufbewahren. Den Auflauf vor dem Servieren erwärmen und mit dem Dill bestreut anrichten.

LINSENKÖFTE MIT KORIANDERJOGHURT

Für 2 Personen
Zubereitungszeit 15 Minuten
Quellen 15 Minuten
Garzeit etwa 15 Minuten

Wir lieben Bällchen, ob Falafeln, Tofubällchen oder Köfte. Gelbe und rote Linsen garen innerhalb weniger Minuten und zerkochen alsbald. Für diese Zubereitung ist das perfekt, denn so halten die Bällchen gut zusammen. Ein erfrischender Joghurtdip macht das Gericht perfekt.

Für die Bällchen

100 g getrocknete rote Linsen
1 Zwiebel
1 TL edelsüßes Paprikapulver
½ TL gemahlener Kreuzkümmel
1 TL Tatli Biber (Paprikapaste)
2 EL feiner Bulgur (Weizengrütze;
    z. B. im türkischen Supermarkt
    oder online erhältlich)
1 TL getrocknete Minze
½ TL Sumach (Gewürz)

Für den Joghurtdip

1 TL Koriandersaat
100 g Naturjoghurt
    (3,5 % Fettgehalt)
Saft von ½ Zitrone

Außerdem

Olivenöl
Salz
frisch gemahlener schwarzer
    Pfeffer
1 Romanasalatherz

Zum Toppen (optional)

Chiliflocken
Schwarzkümmelsamen
2 Stängel Koriander, gehackt
geröstete Haselnusskerne

1) Für die Bällchen die Linsen in einem Sieb waschen und mit 200 ml Wasser aufkochen. Bei mittlerer Temperatur 10 Minuten weich kochen.

2) Inzwischen die Zwiebel abziehen und klein würfeln. 2 EL Olivenöl erhitzen und die Zwiebel darin einige Minuten braun braten. Anschließend Paprikapulver, Kreuzkümmel sowie Tatli Biber hinzufügen und anrösten.

3) Die fertig gegarten Linsen in eine Schüssel füllen. Zwiebel-Gewürz-Mischung, Bulgur, Minze sowie Sumach zugeben und alles vermengen. Kräftig mit Salz und Pfeffer würzen, dann zum Quellen 15 Minuten beiseitestellen.

4) Inzwischen für den Joghurtdip den Koriander zerstoßen. Den Joghurt mit dem Zitronensaft, dem Koriander, etwas Salz und 2–3 EL Wasser glatt rühren. Den Dip abgedeckt beiseitestellen.

5) Die Romanasalatblätter vereinzeln, waschen und trockentupfen. Aus der Linsen-Bulgur-Masse kleine Bällchen formen und auf die Salatblätter legen. Nach Geschmack Chiliflocken, Schwarzkümmel, Koriander und Haselnüsse darüberstreuen. Mit dem Dip anrichten und servieren.

Meal Prep

Die Salatblätter auf Lunchboxen verteilen, die Linsenköfte daraufgeben und den Dip separat abpacken. Bis zum Verzehr im Kühlschrank aufbewahren. Wie oben beschrieben anrichten.

GEFÜLLTER OFENKÜRBIS

Für 2 Personen
Zubereitungszeit 15 Minuten
Garzeit 20-30 Minuten

2 kleinere Kürbisse
3 EL Olivenöl
Salz
1 kleine Stange Lauch
2 EL Sonnenblumenkerne
5 Stängel Petersilie
2 vorgegarte Rote Beten
1 kleine Dose Linsen
    (Abtropfgewicht ca. 120 g)
Saft von ½ Zitrone
frisch gemahlener schwarzer
    Pfeffer
3 EL Tahin (Sesammus)

Hokkaido-, Spaghetti-, Butternut- oder Eichelkürbis - all diese Sorten bringen kleinkalibrige Exemplare hervor und sind somit bestens für Ofengerichte geeignet. Einfach halbieren, nach Belieben füllen und backen. Nach etwa 20-30 Minuten sind sie weich gegart. Füllen lassen sie sich nach Lust und Laune - bei meiner Variante wird die Füllung ausnahmsweise nicht mitgebacken.

---

1) Den Backofen auf 180 °C Ober-/Unterhitze vorheizen.

2) Die Kürbisse waschen, der Länge nach halbieren und das Kerngehäuse entfernen. Das Fruchtfleisch leicht einritzen und die Hälften in eine Auflaufform legen. Die Oberfläche mit 2 EL Olivenöl beträufeln und etwas salzen. Die Kürbisse im heißen Ofen 20–30 Minuten garen, bis das Fruchtfleisch weich ist.

3) Inzwischen für die Füllung den Lauch putzen, in dünne Ringe schneiden und gründlich waschen. In einer Pfanne in 1 EL Olivenöl anschwitzen. Die Sonnenblumenkerne zugeben und leicht salzen.

4) Die Petersilie waschen, trockentupfen und klein hacken. Die Rote Bete klein würfeln. Die Linsen abgießen. Lauch, Linsen, Rote Bete und Petersilie vermengen und mit dem Zitronensaft, etwas Salz und Pfeffer würzen.

5) Die gegarten Kürbishälften aus dem Ofen nehmen, das Fruchtfleisch mit einer Gabel etwas auflockern, zerdrücken und die Füllung in die Hälften geben. Die Kürbisse auf Teller verteilen, mit Tahin beträufeln und servieren.

Meal Prep
Die ungefüllten Kürbisse auf Lunchboxen verteilen, die Füllung separat abpacken. Bis zum Verzehr im Kühlschrank aufbewahren. Den Kürbis vor dem Verzehr leicht erwärmen und wie oben beschrieben anrichten.

KÜRBIS-CRUMBLE

Für 2 Personen
Zubereitungszeit 20 Minuten
Garzeit 20–25 Minuten

Für den Auflauf

1 TL Butter
1 Butternutkürbis (ca. 600 g)
1 kleine Zwiebel
1 Knoblauchzehe
1 Becher Crème fraîche (150 g)
1 Ei
30 g Reibekäse
Salz
frisch gemahlener schwarzer
    Pfeffer

Für den Crumble

2 EL Mandelblättchen
2 EL zarte Haferflocken
1 EL Weizenmehl Type 405
1 EL Butter
Salz
frisch geriebene Muskatnuss

Unser Gaumen verlangt mit Vorliebe nach Abwechslung. Unter anderem liebt er cremige und knusprige Texturen in einem Gericht. Dieser eher schlichte (aber nicht langweilige!) Auflauf beinhaltet genau das. Das cremige Gemüse habe ich um eine knusprige Haube aus Haferflockenstreuseln ergänzt. Je nach Saison lassen sich statt Kürbis auch Steckrüben, Petersilienwurzeln oder Süßkartoffeln verwenden.

1) Den Backofen auf 160 °C Ober-/Unterhitze vorheizen. Eine Auflaufform mit der Butter einfetten.

2) Für den Auflauf den Kürbis waschen, schälen, entkernen und das Fruchtfleisch klein würfeln. Die Zwiebel und den Knoblauch abziehen und würfeln.

3) Kürbis, Zwiebel und Knoblauch mit der Crème fraîche, dem Ei, dem Käse, ½ TL Salz sowie etwas Pfeffer in einer Schüssel vermengen. Die Mischung in die Auflaufform füllen.

4) Für den Crumble die Mandelblättchen mit den Haferflocken, dem Mehl, der Butter, 1 Prise Salz und 2 Prisen Muskat zu Streuseln verkneten.

5) Die Streusel auf dem Gemüse verteilen und den Auflauf im heißen Ofen 20–25 Minuten backen. Bei Bedarf am Ende der Garzeit die Temperatur auf 200 °C erhöhen, um die Streusel noch etwas zu bräunen.

6) Den Kürbis-Crumble heiß servieren.

Meal Prep
Den Kürbis-Crumble auf Lunchboxen verteilen und bis zum Verzehr im Kühlschrank aufbewahren. Vor dem Servieren erwärmen.

ORIENTALISCHES RÖSTGEMÜSE MIT ROTE-BETE-HUMMUS

Für 2 Personen
Zubereitungszeit 20 Minuten
Garzeit 20–25 Minuten

Für das Röstgemüse

1 Kürbis (Butternut oder
   Hokkaido; alternativ
   ½ Muskatkürbis)
2 Auberginen
2 Zwiebeln
2 rote Zwiebeln
4 EL Olivenöl plus mehr zum
   Beträufeln
3 EL Sojasauce
2 TL getrockneter Oregano
½ TL Zimtpulver
1 TL Korianderpulver

Für den Rote-Bete-Hummus

2 vakuumgegarte Rote Beten
100 g Kichererbsen (aus der Dose)
1 Knoblauchzehe
1 TL gemahlener Kreuzkümmel
Saft von ½ Zitrone
100 g Tahin (Sesammus)
frisch gemahlener schwarzer
   Pfeffer

Außerdem

Salz
3 Stängel Petersilie
1 TL Sesamsaat
2 TL Schwarzkümmelsamen
selbst gemachtes Dukkah (Rezept
   siehe Seite 72; optional)

Röstgemüse mit Dip ist ein Klassiker, braucht wenig Vorbereitung und geht schnell. Hier sind es orientalische Aromen, die das Röstgemüse und den Hummus begleiten. Rote Bete steht bei mir nicht nur wegen der Farbe hoch im Kurs, sie gibt dem Hummus auch eine erdige Note.

1) Den Backofen auf 200 °C Ober-/Unterhitze vorheizen und ein Backblech mit Backpapier auslegen.

2) Für das Röstgemüse den Kürbis waschen, nach Bedarf schälen, entkernen und würfeln. Die Auberginen waschen, die Enden abschneiden, die Auberginen der Länge nach vierteln und in Scheiben schneiden. Die Zwiebeln abziehen und in Spalten schneiden.

3) Das Gemüse auf dem Backblech verteilen. Öl, Sojasauce, Oregano, Zimt, Koriander und 1 TL Salz darübergeben und alles gründlich vermengen. Das Gemüse im heißen Ofen 20–25 Minuten garen.

4) Für den Hummus die Rote Bete würfeln, die Kichererbsen abgießen und den Knoblauch abziehen. Alles zusammen mit dem Kreuzkümmel, Zitronensaft und 30 ml Wasser fein pürieren. Das Tahin, ½ TL Salz sowie etwas Pfeffer hinzufügen und erneut pürieren.

5) Die Petersilie waschen, trockenschleudern und hacken. Das Röstgemüse mit dem Hummus auf Teller verteilen. Mit dem Sesam, dem Schwarzkümmel und der Petersilie bestreuen. Etwas Olivenöl darüberträufeln und servieren. Optional Dukkah dazu reichen.

Meal Prep
Das Röstgemüse auf Lunchboxen verteilen, den Hummus separat abfüllen. Bis zum Verzehr im Kühlschrank aufbewahren. Das Röstgemüse vor dem Servieren erwärmen. Wie oben beschrieben anrichten.

ROSENKOHL-KICHERERBSEN-BLECH MIT KORIANDERCREME

Für 2 Personen
Zubereitungszeit 15 Minuten
Garzeit 25 Minuten

600 g Rosenkohl
1 Dose Kichererbsen
   (Abtropfgewicht 260 g)
4 Zweige Thymian
2 Knoblauchzehen
2 EL Olivenöl
3 EL Sojasauce
1 TL Kurkumapulver
Salz
1 TL brauner Zucker
50 ml Milch (alternativ
   ungesüßter pflanzlicher Drink)
½ Zitrone
1 TL milder Senf
120 ml neutrales Pflanzenöl
4 Stängel Koriander
frisch gemahlener schwarzer
   Pfeffer

One-Pan-Rezepte erleichtern den Alltag enorm. Gemüse und Hülsenfrüchte, ganz besonders Kichererbsen, backen im Ofen ohne großes Zutun, nebenher kann man einfach weiterarbeiten, falls nötig. Verwenden Sie gerne Ihre Lieblingsgewürze – meine finden Sie unten im Rezept.

1) Den Rosenkohl waschen, putzen und halbieren. Den Backofen auf 180 °C Ober-/Unterhitze vorheizen.

2) Die Kichererbsen abgießen. Den Thymian waschen und klein zupfen. Den Knoblauch abziehen und hacken. Rosenkohl, Kichererbsen, Olivenöl, Sojasauce, Kurkuma, Thymian, Knoblauch, 1 TL Salz und Zucker in einer Schüssel gründlich vermischen. Die Mischung auf einem mit Backpapier ausgelegten Backblech verteilen und im heißen Ofen 20–25 Minuten backen.

3) Für die Koriandercreme die Milch mit 1 EL Saft der Zitrone und dem Senf in einem hohen Gefäß zunächst mit dem Stabmixer pürieren. Anschließend das Pflanzenöl in einem dünnen Strahl einlaufen lassen und so lange mixen, bis eine Creme entstanden ist.

4) Den Koriander waschen, trockentupfen, grob hacken und zur Creme geben. Mit Salz und Pfeffer würzen und erneut kurz pürieren, bis der Koriander gut zerkleinert ist.

5) Die Rosenkohl-Kichererbsen-Mischung auf Teller verteilen und mit der Koriandercreme servieren.

Meal Prep
Das Ofengemüse auf Lunchboxen verteilen, die Koriandercreme separat abfüllen. Bis zum Verzehr im Kühlschrank aufbewahren. Das Ofengemüse vor dem Servieren erwärmen und wie oben beschrieben anrichten.

ROSENKOHL MIT CHILI-CRUNCH

Für 2 Personen
Zubereitungszeit 15 Minuten
Garzeit 15 Minuten

800 g Rosenkohl

2 EL Olivenöl

Salz

50 g Pankobrösel

2 EL Butter

1 TL getrockneter Thymian

2 TL Sesamsaat

½ TL Chiliflocken

frisch gemahlener schwarzer
Pfeffer

Dünsten ist eine einfache, aromatische und besonders schonende Garmethode. Gemüse in der eigenen oder wenig zugegebener Flüssigkeit zu garen, geht schnell und ist ohne viel Aufwand machbar. Das Gemüse schmeckt nach dem, was es ist, und behält seine Farbe. Das Besondere an diesem Rezept ist die Pankobrösel-Mischung zum Verfeinern des Rosenkohls. Davon ein Gläschen im Küchenschrank parat zu haben, kann ich sehr empfehlen. Sie passt auch als Topping für Salate, Hummus, Ofengemüse oder Eintöpfe.

---

1) Den Rosenkohl waschen, putzen und vierteln.

2) Das Olivenöl in einer Pfanne erhitzen und den Rosenkohl darin anschwitzen. Gut salzen, einen Schuss Wasser angießen und abgedeckt etwa 8–10 Minuten dünsten, bis die Röschen gar sind.

3) Die Pankobrösel in einer Pfanne in der Butter unter Rühren braun anrösten. Die Brösel mit dem Thymian, Sesam, Chiliflocken und je 1 Prise Salz und Pfeffer würzen.

4) Den Rosenkohl mit der Pankobrösel-Mischung bestreuen und servieren.

Meal Prep
Den Rosenkohl auf Lunchboxen verteilen, die Pankobrösel daraufgeben oder separat abpacken. Den Rosenkohl bis zum Verzehr im Kühlschrank aufbewahren. Vor dem Servieren erwärmen.

Tipp
Die Pankobrösel-Mischung hält sich, in einem Schraubglas aufbewahrt und trocken gelagert, gut 1 Woche. Wer mag, kann sie kurz vor der Verwendung in der Pfanne noch mal erhitzen.

KLASSISCHES KARTOFFELGRATIN

Für 2 Personen
Zubereitungszeit 20 Minuten
Garzeit etwa 50–55 Minuten

1 Knoblauchzehe
1 TL Butter
750 g mehligkochende Kartoffeln
100 g Emmentaler
150 g süße Sahne
150 ml Milch
Salz
frisch gemahlener schwarzer
    Pfeffer
frisch gemahlene Muskatnuss

Klassiker gehören für mich zum Kochen immer dazu. Was gibt es Besseres als ein würziges Kartoffelgratin?! Die Vorteile liegen auf der Hand – es ist schnell zubereitet, gart von allein im Ofen und alles, was übrig bleibt, schmeckt am nächsten Tag noch besser.

1) Den Backofen auf 150 °C Ober-/Unterhitze vorheizen.

2) Den Knoblauch abziehen und fein reiben. Zusammen mit der Butter eine Form damit ausstreichen.

3) Die Kartoffeln waschen, schälen und in dünne Scheiben hobeln. Den Käse reiben. Die Kartoffeln und die Hälfte des Käses in die Form schichten.

4) Die Sahne, die Milch, knapp 1 TL Salz, 2 Prisen Pfeffer und 2–3 Prisen Muskatnuss verrühren. Die Mischung über die Kartoffeln gießen, leicht an der Form rütteln, damit sich die Flüssigkeit gut verteilen kann. Den übrigen Käse darüberstreuen und das Gratin im heißen Ofen 40 Minuten backen. Anschließend die Temperatur auf 220 °C Ober-/Unterhitze erhöhen und das Gratin 10–15 Minuten goldbraun überbacken.

5) Zuletzt das Gratin 10 Minuten ruhen lassen. In Stücke teilen und servieren.

Meal Prep
Das Kartoffelgratin auf Lunchboxen verteilen und bis zum Verzehr im Kühlschrank aufbewahren. Vor dem Servieren erwärmen.

Tipp
Aus dem Kartoffelgratin lässt sich ganz einfach ein Gemüsegratin machen. Dafür Gemüse – gerne auch übriges, also alles, was wegmuss – fein hobeln und mit den Kartoffeln zusammen in die Auflaufform schichten. Zum Beispiel Karotten, Kohlrabi, Lauch, Sellerie, Fenchel, Blumenkohl, Brokkoli …

LAUCH-APFEL-PANCAKES MIT PESTO

Für 2 Personen
Zubereitungszeit 15 Minuten
Garzeit 15 Minuten

Für das Pesto
1 Bund Petersilie (ca. 30 g)
1 Knoblauchzehe
2 EL gehackte Mandeln
½ Zitrone
100 ml neutrales Pflanzenöl
Salz
frisch gemahlener schwarzer
Pfeffer
20 g frisch geriebener Parmesan

Für die Pancakes
200 g Weizenmehl Type 405
1 Msp. Backpulver
1 Msp. Natron
Salz
2 Eier
350 ml Milch
1 Stange Lauch
2 kleine Äpfel
4-5 EL Olivenöl

Apfel und Lauch sind eine gelungene Kombination, süß und würzig zugleich. Die fertigen Pancakes lassen sich auch gut in Büro & Co. mitnehmen, sollte es dort einen Backofen oder eine Mikrowelle zum Erwärmen geben. Übriges Pesto hält im Kühlschrank etwa 1 Woche, am besten die Oberfläche glatt streichen und mit einem dünnen Ölfilm versiegeln.

---

1) Für das Pesto die Petersilie waschen, trockentupfen und grob zerzupfen. Den Knoblauch abziehen. Beides mit den Mandeln, einem Spritzer Saft der Zitrone, dem Öl sowie je 2–3 Prisen Salz und Pfeffer in einem hohen Gefäß pürieren. Den Parmesan untermischen. Zuletzt die Paste mit Salz, Pfeffer und nach Bedarf mehr Zitronensaft würzig abschmecken.

2) Für die Pancakes das Mehl mit Backpulver, Natron und ½ TL Salz in einer Schüssel mischen. Die Eier sowie die Milch zugeben und den Teig glatt rühren.

3) Den Lauch putzen, waschen und in Ringe schneiden. Die Äpfel waschen und mit der Schale in 0,5 cm dicke Scheiben schneiden.

4) Den Lauch in einer Pfanne in 1 TL Olivenöl und mit etwas Salz 1–2 Minuten anschwitzen. Danach umfüllen und beiseitestellen. Jeweils Apfelscheiben in die Pfanne legen und von beiden Seiten in Olivenöl kurz anbraten. Dann etwas Lauch um jede Apfelscheibe geben und eine Kelle Teig darüber verteilen. Die Pancakes von beiden Seiten goldbraun backen. Nacheinander auf einem Teller stapeln und im vorgeheizten Backofen bei 60 °C warm stellen.

5) Die Pancakes mit dem Pesto servieren.

Tipp
Die Äpfel können durch Birnen, Nektarinen oder Pflaumen ersetzt werden. Der würzige, leicht scharfe Lauch harmoniert bestens mit fruchtigen Aromen. Wer mag, serviert zusätzlich einen cremigen Dip, zum Beispiel den von Seite 50.

Meal Prep

Die Pancakes auf Lunchboxen verteilen, das Pesto
separat abfüllen. Bis zum Verzehr im Kühlschrank
aufbewahren. Die Pancakes nach Geschmack vor dem
Servieren erwärmen und mit dem Pesto servieren.
Das Pesto kann auch einige Tage vorher zubereitet
werden. Dafür in ein verschließbares Glas füllen, mit
etwas Öl bedecken und kühl lagern.

HOMEOFFICE

Gerichte, die am besten frisch gegessen werden.

LAUWARMER KAROTTENSALAT

Für 2 Personen
Zubereitungszeit 15 Minuten
Garzeit 15 Minuten

1 Bund Karotten
3 Knoblauchzehen
1 EL Butter
4 EL Olivenöl
½ Stängel Zitronengras
Salz
4 Prisen Zucker
2 EL Sonnenblumenkerne
1 Handvoll Rucola
2 Orangen
1 Schalotte
2 TL Aprikosenkonfitüre
2 TL milder körniger Senf
1 TL Weißweinessig
frisch gemahlener schwarzer
   Pfeffer

Inzwischen ganzjährig verfügbar, sind Karotten schon lange kein echtes Saisongemüse mehr. Sollten Sie im Sommer an Urkarotten vorbeikommen, nehmen Sie ruhig mal ein Bund mit. Sie sind für diesen Salat ideal. Dunkle Sorten färben allerdings die übrigen Zutaten mit dunkel. Dem Geschmack tut das keinen Abbruch.

1) Die Karotten waschen, schälen, das Grün entfernen und die Karotten in Scheiben schneiden. Den Knoblauch abziehen und in Scheiben schneiden.

2) Die Butter und 1 EL Olivenöl in einer Pfanne erhitzen. Die Karotten und den Knoblauch darin 5–8 Minuten anschwitzen.

3) Dann das Zitronengras waschen und über die feine Seite der Küchenreibe dazureiben. Mit 2 Prisen Salz und 2 Prisen Zucker würzen und alles abgedeckt im eigenen Saft einige Minuten garen.

4) Anschließend die Sonnenblumenkerne in einer zweiten Pfanne ohne Fettzugabe anrösten. Den Rucola waschen und trockenschleudern. Eine Orange schälen, dabei die gesamte weiße Haut mit entfernen, das Fruchtfleisch würfeln. Den Saft der zweiten Orange auspressen. Die Schalotte abziehen und würfeln.

5) Für das Dressing des Karottensalats die Aprikosenkonfitüre mit dem Senf, dem Saft der Orange, dem Essig, ½ TL Salz, dem restlichen Zucker (2 Prisen) und dem übrigen Olivenöl (3 EL) pürieren.

6) Die Karottenmasse aus der Pfanne in eine Schüssel umfüllen. Die Schalotten- und Orangenwürfel sowie das Dressing zugeben, den Salat vermengen und lauwarm abkühlen lassen.

7) Dann den Salat auf Teller verteilen. Den Rucola und die Sonnenblumenkerne darüber verteilen. Alles mit Pfeffer bestreuen und servieren.

KAROTTEN IM WÜRSTCHEN-STYLE

Für 2 Personen
Zubereitungszeit 10 Minuten
Garzeit 30 Minuten

1 Bund Karotten
3 EL Sojasauce
2 EL Olivenöl
1 EL Misopaste
1 TL brauner Zucker
1 EL flüssiger Honig
1 TL geräuchertes Paprikapulver
Salz
frisch gemahlener schwarzer
    Pfeffer

Veggie-Liebhaber oder (noch) nicht? Diese würzig-knackigen Karotten sind der ideale Würstchenersatz und superschnell gemacht. Einfach und gut, passen sie zu Kartoffelpüree und Erbsengemüse oder als Hotdog für einen ganz schnellen Lunch.

1) Den Backofen auf 160 °C Ober-/Unterhitze vorheizen.

2) Die Karotten waschen und gründlich abbürsten, das Grün entfernen. Die Karotten auf einem mit Backpapier ausgelegten Backblech verteilen.

3) Die Sojasauce mit Olivenöl, Misopaste, Zucker, Honig, Paprikapulver, ½ TL Salz und etwas Pfeffer verrühren. Die Karotten mit einem Teil dieser Marinade einstreichen.

4) Die Karotten im heißen Ofen etwa 30 Minuten (je nach Größe der Karotten die Garzeit verkürzen oder verlängern) garen, währenddessen mehrmals wenden und erneut mit Marinade bestreichen.

5) Die Karotten als schnelles Essen servieren – zum Beispiel mit Hotdog-Brötchen, sauren Gurken, Senf, Ketchup und Röstzwiebeln.

WÜRZIGE OFENTOMATEN MIT RÖSTZWIEBELN

Für 2 Personen
Zubereitungszeit 10 Minuten
Garzeit 30–40 Minuten

Für die Tomaten

1 kg Flaschentomaten
   (Romatomaten)
4 Knoblauchzehen
3 Zweige Thymian
2 Zweige Rosmarin
4 EL Olivenöl
1 TL Zucker
1 TL Koriandersaat
2 EL Aceto balsamico

Für die Röstzwiebeln

2 Zwiebeln
3 EL Kichererbsenmehl
½ TL Kurkumapulver
½ TL gemahlener Kreuzkümmel

Außerdem

Salz
Speiseöl zum Ausbacken
300 g griechischer Joghurt

Seit ich das erste Mal Pakoras probiert habe, war ich begeistert. Diese Röstzwiebeln sind den indischen Pakoras nachempfunden. Durch das Kichererbsenmehl werden die Zwiebeln extraknusprig. Unbedingt ausprobieren!

1) Den Backofen auf 160 °C Umluft vorheizen. Ein Backblech mit Backpapier auslegen.

2) Für die Tomaten die Flaschentomaten waschen, der Länge nach halbieren und den Strunk herausschneiden. Den Knoblauch abziehen und halbieren. Die Kräuter waschen und zerzupfen.

3) Die Tomaten mit Knoblauch, Kräutern, Olivenöl, ½ TL Salz, Zucker, Koriander und Balsamico auf dem Backblech vermischen. Die Tomaten mit der Schnittfläche nach oben auslegen und im heißen Ofen 30–40 Minuten garen.

4) Inzwischen für die Röstzwiebeln die Zwiebeln abziehen, halbieren und in Streifen schneiden. Mit 2 Prisen Salz, Kichererbsenmehl, Kurkuma, Kreuzkümmel und 2 EL Wasser vermischen.

5) Gegen Ende der Garzeit der Tomaten Speiseöl 3–4 cm hoch in einem kleinen Topf erhitzen. Jeweils die Zwiebeln in kleinen Portionen hineingeben und kross ausbacken. Mit der Schaumkelle herausheben und in einem Sieb abtropfen lassen.

6) Die Tomaten mit dem Joghurt und den Zwiebeln servieren.

111

HASSELBACK-ZUCCHINI MIT HARISSA-ZWIEBELN

Für 2 Personen
Zubereitungszeit 10 Minuten
Garzeit 20 Minuten

4 mittelgroße Zucchini
2 Knoblauchzehen
1 unbehandelte Zitrone
1 TL edelsüßes Paprikapulver
3 TL Zatar
6 EL Olivenöl
Salz
3 Zwiebeln
2 EL Butter
frisch gemahlener schwarzer
    Pfeffer
1 TL Harissa (Paste oder
    Gewürzmischung)
2 TL flüssiger Honig
1 unbehandelte Limette
200 g Joghurt

Dieses Gericht von Leif Elisson aus Schweden ist wahrscheinlich inzwischen weltweit bekannt. Das Original, dünn eingeschnittene Kartoffeln, mit Butter und Gewürzen eingestrichen und gebacken, wie er sie in seinem Restaurant Hasselbacken das erste Mal servierte, lässt sich auch mit zahlreichen anderen Gemüsesorten zubereiten. Der Vorteil des Einschneidens: Die Gewürze können gut einziehen und das Gemüse gart wesentlich schneller.

1) Den Backofen auf 180 °C Ober-/Unterhitze vorheizen.

2) Die Zucchini waschen, der Länge nach halbieren und in kurzen Abständen mehrfach tief einschneiden, jedoch nicht durchschneiden.

3) Den Knoblauch abziehen. Die Zitrone heiß waschen, trockentupfen und die Schale fein abreiben. Den Knoblauch mit Zitronenabrieb, Paprikapulver und Zatar im Mörser zu einer Paste zerkleinern und mit dem Olivenöl und 2 Prisen Salz verrühren.

4) Die Zucchini in eine Auflaufform legen, die Scheiben leicht auffächern und gründlich mit dem Würzöl einstreichen, auch zwischen den Scheiben verteilen. Die Zucchini im heißen Ofen 20 Minuten garen.

5) Inzwischen die Zwiebeln abziehen und in Spalten schneiden. Die Butter in einer Pfanne erhitzen und die Zwiebeln darin 10 Minuten goldbraun anschwitzen. Mit Salz, Pfeffer, Harissa und Honig würzen.

6) Die Limette heiß waschen, trockentupfen, die Schale fein abreiben und den Saft auspressen. Den Joghurt mit dem Saft, dem Abrieb und 1 Prise Salz verrühren.

7) Die Zucchini mit den Zwiebeln anrichten und den Joghurt dazu servieren.

ZUCCHINI-PARMESAN-STICKS MIT KRÄUTERQUARK

Für 2 Personen
Zubereitungszeit 15 Minuten
Garzeit 20–25 Minuten

3 mittelgroße Zucchini

2 TL Zatar (alternativ etwas
   getrockneter Thymian mit
   Sesamsaat und geriebener
   unbehandelter Zitronenschale
   vermischt)

2 EL Olivenöl

Salz

½ TL edelsüßes Paprikapulver

75 g Parmesan

1 Knoblauchzehe

250 g Magerquark

150 g Joghurt

½ Zitrone

1 Prise Zucker

½ TL Ras el-Hanout

frisch gemahlener schwarzer
   Pfeffer

4 Stängel Dill

4 Stängel Petersilie

3 Zweige Thymian

Wer schon mal Zucchini angebaut hat, weiß, wie groß ein vergessenes Exemplar in der hintersten Ecke werden kann. Dann hilft nur: Kerngehäuse entfernen und die weichen Fruchtfleischteile lecker zubereiten. Wie wär's mit diesen Zucchini-Sticks?

1) Den Backofen auf 200 °C Ober-/Unterhitze vorheizen.

2) Die Zucchini waschen und in Stifte schneiden. In einer Schüssel mit Zatar, Olivenöl, 2–3 Prisen Salz und Paprikapulver marinieren. Die Stifte auf einem mit Backpapier ausgelegten Backblech verteilen, den Parmesan darüberreiben und im heißen Ofen 20–25 Minuten backen.

3) Inzwischen den Kräuterquark zubereiten. Dafür den Knoblauch abziehen und reiben. Magerquark, Joghurt, Knoblauch, ein Spritzer Saft der Zitrone, Zucker, Ras el-Hanout und je 1–2 Prisen Salz und Pfeffer glatt rühren. Die Kräuter waschen, trockentupfen, hacken und unter den Quark mischen.

4) Die Zucchini-Sticks mit dem Quark anrichten und servieren.

ÜBERBACKENE AUBERGINEN

Für 2 Personen
Zubereitungszeit 10 Minuten
Ruhezeit 10 Minuten
Garzeit 30 Minuten

2 Auberginen
Salz
2 EL Olivenöl
1 Knoblauchzehe
1 Dose gehackte Tomaten (400 g)
2 TL italienische Kräuter
1 TL brauner Zucker
1 Stück Halloumi (200 g)
2–3 Stängel bzw. Zweige Kräuter
    (z. B. Rosmarin, Oregano,
    Thymian)

Die levantinische Küche gehört seit einigen Jahren hierzulande zu den beliebtesten. Die Kreativität, die in der Levante im Umgang mit Gemüse gepflegt wird, bewundere ich sehr. Auberginen gehören seit Langem zu meinen Lieblingsgemüsen, daher finden sie auch als überbackene Variante regelmäßig den Weg auf unsere Teller.

1) Die Auberginen waschen, halbieren und das Fruchtfleisch einritzen. Mit 2–3 Prisen Salz bestreuen und 10 Minuten Wasser ziehen lassen.

2) Den Backofen auf 200 °C Ober-/Unterhitze vorheizen.

3) Die Auberginen abtropfen lassen, in eine Auflaufform legen und mit dem Olivenöl beträufeln. Im heißen Ofen 20 Minuten garen.

4) Anschließend den Knoblauch abziehen und fein reiben. Die gehackten Tomaten mit den Kräutern, dem Knoblauch, 2 Prisen Salz und dem Zucker verrühren.

5) Die Auflaufform mit Ofenhandschuhen aus dem Ofen nehmen. Das Fruchtfleisch der Auberginen mit einer Gabel etwas abdrücken und die Tomatenmasse in die Hälften füllen. Den Halloumi würfeln und darüberstreuen.

6) Die Auberginen im Ofen weitere 10 Minuten überbacken.

7) Inzwischen die Kräuter waschen, trockentupfen und die Blätter bzw. Nadeln klein hacken. Die Auberginen damit bestreuen und servieren.

RATATOUILLE MIT WACHSWEICHEM EI

Für 2 Personen
Zubereitungszeit 20 Minuten
Garzeit 25 Minuten

2 Zucchini
1 Paprikaschoten-Mix (3 Schoten)
2 Zwiebeln
2 Knoblauchzehen
3 EL Olivenöl
2 EL Tomatenmark
1 TL Zucker
1 TL getrockneter Oregano
1 TL edelsüßes Paprikapulver
Salz
frisch gemahlener schwarzer
    Pfeffer
200 ml Gemüsebrühe
1 Bund glatte Petersilie
4 Eier

Klassiker sollten nicht in Vergessenheit geraten, daher finden sie regelmäßig in meinen Kochbüchern Platz. So auch der französische Klassiker Ratatouille. Für meine moderne Lunchidee eine ganz simple Version mit einem wachsweichen Ei – wenig Aufwand, großer Genuss.

1) Die Zucchini und Paprika waschen, putzen und die Samen der Paprika entfernen. Zucchini und Paprika klein schneiden. Die Zwiebeln sowie den Knoblauch abziehen und würfeln.

2) Das Öl in einem Topf erhitzen. Die Zwiebeln und den Knoblauch darin 3 Minuten anschwitzen. Anschließend das Tomatenmark sowie den Zucker zugeben und braun anrösten. Die Zucchini und Paprika hinzufügen und weitere 3 Minuten anschwitzen. Danach den Oregano, das Paprikapulver, ½ TL Salz und etwas Pfeffer zugeben, unterrühren und kurz anschwitzen. Die Brühe angießen und alles 15 Minuten leise köcheln lassen.

3) Die Petersilie waschen, trockentupfen und die abgezupften Blätter samt Stielen hacken. Die Eier in kochendem Wasser in 6 Minuten wachsweich kochen. Anschließend abgießen und kurz kalt abschrecken.

4) Die Ratatouille mit Salz sowie Pfeffer abschmecken und die gehackte Petersilie unterrühren. Mit den wachsweichen Eiern anrichten und servieren.

BUNTE GEMÜSE-SHAKSHUKA

Für 2 Personen
Zubereitungszeit 15 Minuten
Garzeit 20 Minuten

2 Karotten
1 Zucchini
1 gelbe Paprikaschote
1 dünne Stange Lauch
3 EL Olivenöl
½ TL Schwarzkümmelsamen
1 TL Korianderpulver
1 TL gemahlener Kreuzkümmel
Salz
frisch gemahlener schwarzer
   Pfeffer
1 Dose gehackte Tomaten (400 g)
4 Eier
4 Stängel Petersilie

Die Wahl des Gemüses bleibt ganz Ihnen und Ihrem Gemüsefach überlassen. Alles kann verwendet werden, was noch da ist. Somit ist die Shakshuka ein Gericht, das das gesamte Jahr über willkommen ist: Vom Spargel im Frühling bis zum Kohl im Winter haben Sie freie Auswahl.

1) Das gesamte Gemüse waschen und putzen. Die Karotten schälen und würfeln. Die Zucchini, die Paprika und den Lauch ebenfalls würfeln.

2) Das Olivenöl in einer tiefen Pfanne erhitzen. Das vorbereitete Gemüse darin 5 Minuten anschwitzen. Schwarzkümmel, Koriander, Kreuzkümmel, 1 TL Salz sowie etwas Pfeffer zugeben und kurz anrösten. Dann die Tomaten unter das andere Gemüse mischen, den Deckel aufsetzen und die Mischung 5 Minuten schmoren.

3) Anschließend in der Pfanne vier Vertiefungen in die Gemüsemischung formen, jeweils die Eier aufschlagen und in die Vertiefungen gleiten lassen. Bei geschlossenem Deckel 10 Minuten garen.

4) Zuletzt die Petersilie waschen, trockentupfen und zerzupfen. Die Shakshuka gleichmäßig damit bestreuen und servieren.

Tipp
Die Shakshuka kann auch in Portionspfännchen gegart werden.

Tipp

Es lohnt sich, gleich ein ganzes Blech voll Paprika
zu rösten. Das ist zum einen energiesparend,
zum anderen hat man für die nächsten Tage sehr
aromatisches Gemüse im Kühlschrank parat. Es lässt
sich zum Beispiel für die Veggie-Burger (Seite 32)
oder die Shakshuka (Seite 120) verwenden.

GEFÜLLTE PAPRIKASCHNITZEL MIT FETA

Für 2 Personen
Zubereitungszeit 10 Minuten
Ruhen 10 Minuten
Garzeit 30–35 Minuten

4 Spitzpaprikaschoten
1 EL Olivenöl plus mehr zum
   Einstreichen
4 Stängel Petersilie
1 Stück Feta (Schafskäse; 200 g)
4 EL Weizenmehl Type 405
ca. 100 g Pankobrösel
2 Eier
Salz
frisch gemahlener schwarzer
   Pfeffer
200 ml neutrales Pflanzenöl

Das Kürbisschnitzel von Seite 128 oder lieber dieses hier mit Paprika und Feta? Keine leichte Entscheidung, weil sie beide mit ihrer knusprigen Hülle eine saftige und würzige Füllung beherbergen. Für welches Schnitzel würden Sie sich entscheiden?

1) Den Backofen auf 220 °C Ober-/Unterhitze vorheizen.

2) Die Paprikaschoten waschen, trockentupfen und rundum mit Olivenöl einstreichen. Auf einem mit Backpapier ausgelegten Backblech verteilen und im heißen Ofen 20–25 Minuten garen. Die Paprika sind fertig, wenn die Haut an manchen Stellen schwarz ist, Blasen wirft und das Fruchtfleisch weich geworden ist. Die Paprika dann aus dem Ofen nehmen, mit einem zweiten Backblech abdecken und 10 Minuten beiseitestellen.

3) Die Petersilie waschen, trockentupfen und hacken. Den Feta einmal flach halbieren und jeweils auf die Größe der Paprika zurechtschneiden. Mit der Petersilie und 1 EL Olivenöl marinieren.

4) Die Haut der gegarten Paprika abziehen, die Samen und den Strunk entfernen. Jede Paprika mit einem passenden Stück Feta füllen.

5) Das Mehl und die Pankobrösel zum Panieren getrennt in zwei flache Schalen verteilen. Die Eier in einer dritten Schale mit 2 Prisen Salz verquirlen. Die gefüllten Paprika im Mehl wenden, danach durch die verquirlten Eier ziehen und zuletzt in den Pankobröseln panieren.

6) Das Pflanzenöl in einer Pfanne erhitzen und die Paprikaschnitzel darin goldbraun und knusprig braten. Anschließend aus der Pfanne heben, kurz abtropfen lassen und servieren.

123

BAKED SWEET POTATOES

Für 2 Personen
Zubereitungszeit 15 Minuten
Garzeit 20 Minuten

2–3 große Süßkartoffeln
2 EL Olivenöl
1 EL Paprikapaste (alternativ
Tomatenmark)
½ TL Knoblauchgranulat
Saft von ½ Zitrone
1 TL brauner Zucker
Salz
2 Frühlingszwiebeln
150 g Kirschtomaten
2 EL Tahin (Sesammus)
3 EL Joghurt
2 EL Sojasauce
2 TL Sesamsaat
1 TL flüssiger Honig
frisch gemahlener schwarzer
Pfeffer

Heute kommen die Ofenkartoffeln mal in Scheiben auf den Teller. Das hat den Vorteil, dass sie viel schneller durch sind und somit auch rasch aufgetischt sind.

1) Den Backofen auf 160 °C Ober-/Unterhitze vorheizen.

2) Die Süßkartoffeln waschen, in 2 cm dicke Scheiben schneiden und auf einem mit Backpapier ausgelegten Backblech verteilen.

3) Das Olivenöl mit der Paprikapaste, dem Knoblauchgranulat, 2 EL Wasser, dem Zitronensaft, dem braunen Zucker und ½ TL Salz verrühren. Die Kartoffelscheiben mit dieser Marinade einstreichen und im heißen Ofen 20 Minuten backen.

4) Inzwischen die Frühlingszwiebeln putzen, waschen und in Ringe schneiden. Die Kirschtomaten waschen und halbieren. Das Tahin mit dem Joghurt, der Sojasauce, 1 TL Sesam, dem Honig, je 1 Prise Salz und Pfeffer verrühren.

5) Die Süßkartoffelscheiben auf Teller verteilen. Die Kirschtomaten, Frühlingszwiebeln sowie den übrigen Sesam als Topping darüber verteilen und alles servieren. Den Tahin-Dip dazu reichen.

KÜRBISPOMMES MIT RAUCHIGER MAYONNAISE

Für 2 Personen
Zubereitungszeit 20 Minuten
Garzeit 15 Minuten

Für die Kürbispommes
1 Butternutkürbis
2 Eier
1 Schuss Milch
Salz
4–5 EL Weizenmehl Type 405
ca. 150 g Semmelbrösel
ca. 500 ml neutrales Pflanzenöl

Für die eifreie Mayonnaise
50 ml Milch
1 TL Senf
Saft von ½ Zitrone
150 ml neutrales Pflanzenöl
Rauchsalz
½ TL geräuchertes Paprikapulver
1 Prise Zucker

Die Kürbispommes waren bei uns schneller weg, als ich gucken konnte. Allein die knusprige Hülle war der Knaller. Es ist zugegeben etwas aufwendiger, die kleinen Sticks alle zu panieren, doch es lohnt sich. Etwas schneller geht es, wenn Sie den Kürbis in Scheiben schneiden, panieren und ausbacken.

1) Für die Kürbispommes den Kürbis waschen, schälen, entkernen und in Stifte schneiden. Die Eier mit der Milch und 2–3 Prisen Salz in einer tiefen Schale verquirlen. Das Mehl und die Semmelbrösel jeweils in zwei weiteren Schalen verteilen. Die Kürbisstifte im Mehl wenden, dann durch das Ei ziehen und zuletzt in den Semmelbröseln panieren. Auf einer Platte bereitlegen, bis das gesamte Gemüse paniert ist.

2) Das neutrale Pflanzenöl etwa 2 cm hoch in einer tiefen Pfanne auf 160–170 °C erhitzen. Die Kürbisstifte darin goldbraun und knusprig ausbacken. Anschließend in einem Sieb abtropfen lassen.

3) Für die Mayonnaise die Milch mit dem Senf sowie dem Zitronensaft in ein hohes Gefäß geben und mit dem Stabmixer vermischen. Dann das Öl langsam einlaufen lassen, dabei stetig mixen, bis eine cremige Mayonnaise entstanden ist. Mit Rauchsalz, Paprikapulver und Zucker würzen.

4) Die Pommes servieren und die Mayonnaise dazu reichen.

WÜRZIGE KÜRBISSCHNITZEL

Für 2 Personen
Zubereitungszeit 20 Minuten
Garzeit 20 Minuten

1 Hokkaidokürbis (ca. 300 g)
Salz
50 g zarte Haferflocken
2–3 EL Semmelbrösel plus mehr
    nach Bedarf und zum Panieren
    (ca. 120 g)
½ TL geräuchertes Paprikapulver
1 TL Ras el-Hanout
1 TL italienische Kräuter
ca. 300 ml neutrales Pflanzenöl
    zum Braten
frisch gemahlener schwarzer
    Pfeffer

Das Beste am Schnitzel ist doch die knusprige Brothülle. Dafür braucht es nicht unbedingt Fleisch. Auch zahlreiche Gemüsesorten lassen sich panieren und in der Pfanne knusprig ausbacken. Heute mal ein Kürbis ... und morgen?

1) Den Kürbis waschen, schälen und Stücke schneiden. In einem Topf mit wenig Wasser aufkochen und abgedeckt weich kochen. Anschließend den Kürbis abgießen. Im Topf auf der noch heißen, ausgeschalteten Herdplatte ausdämpfen lassen, bei Induktion dazu eine niedrige Stufe einschalten.

2) Das Kürbisfruchtfleisch lauwarm abkühlen lassen. Danach mit ½ TL Salz, Haferflocken, 2–3 EL Semmelbröseln, Paprikapulver, Ras el-Hanout und Kräutern vermengen. 15 Minuten ruhen lassen. Die Masse sollte trocken und gut formbar sein. Nach Bedarf mehr Semmelbrösel untermengen.

3) Die Semmelbrösel zum Panieren (ca. 120 g) auf einem tiefen Teller verteilen. Die Kürbismasse in vier Portionen teilen. Jede Portion zu einem Fladen formen, in die Semmelbrösel legen und gut andrücken. Dabei etwas flacher zu Schnitzeln formen. Das Öl in einer tiefen Pfanne erhitzen und die Schnitzel darin 2–3 Minuten goldbraun und knusprig ausbacken.

4) Die Kürbisschnitzel auf Tellern anrichten und mit Pfeffer bestreuen. Dazu passt ein grüner Blattsalat.

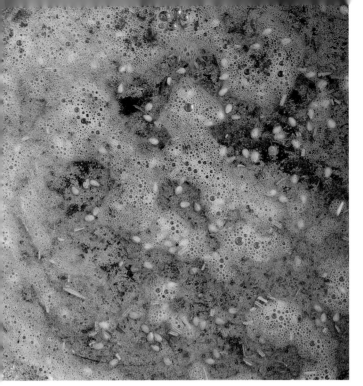

GERÖSTETE KARTOFFELN MIT KNOBLAUCH-ZITRONEN-SPINAT

Für 2 Personen
Zubereitungszeit 20 Minuten
Garzeit 35 Minuten

500 g kleine festkochende
    Kartoffeln
Salz
300 g junger Spinat
2 Knoblauchzehen
2 EL Olivenöl
2 EL Butter
½ unbehandelte Zitrone
frisch gemahlener schwarzer
    Pfeffer
2 TL Sesamsaat
1 TL getrockneter Thymian

Kartoffeln und Spinat sind seit jeher ein Dream-Team, auch wenn man das als Kind meist noch nicht so sieht. Spätestens bei dieser gerösteten Variante mit reichlich Knoblauch und Zitrusaromen wird sich die eine oder der andere jedoch vielleicht umentscheiden.

1) Die Kartoffeln mit der Schale gründlich waschen. Knapp mit Wasser bedeckt mit 1 TL Salz aufkochen. Abgedeckt 15 Minuten garen. Anschließend abgießen, ausdämpfen lassen und halbieren. (Die Kartoffeln können bereits am Vortag gekocht werden.)

2) Inzwischen vom Spinat größere Blattstiele entfernen und die Blätter waschen. Den Knoblauch abziehen und in Scheiben schneiden.

3) Den Backofen auf 200 °C Ober-/Unterhitze vorheizen.

4) Die Kartoffeln mit dem Olivenöl und 2 Prisen Salz vermengen, auf einem Backblech verteilen und im heißen Ofen in 20 Minuten goldbraun backen. Währenddessen einmal wenden.

5) Kurz vor Ende der Garzeit der Kartoffeln den Spinat und den Knoblauch in einer Pfanne in der Butter anschwitzen. Die Zitrone heiß waschen, trockentupfen und etwas Schale fein abreiben. Die Spinatmasse mit wenig Salz, dem Zitronenabrieb und Pfeffer würzen.

6) Die Kartoffeln mit dem Sesam sowie dem Thymian bestreuen und mit dem Spinat servieren.

WURZELGEMÜSE-PAKORAS MIT PAPRIKAJOGHURT

Für 2 Personen
Zubereitungszeit 20 Minuten
Ruhen 30 Minuten
Garzeit 15 Minuten

1 Bund Suppengemüse
2 Zwiebeln
1 vorwiegend festkochende oder
    festkochende Kartoffel
1 TL gemahlener Kreuzkümmel
4 EL Kichererbsenmehl
Salz
250 g Joghurt
2 EL Tahin (Sesammus)
2 EL Sojasauce
1 EL Paprikapaste
Saft von ½ Zitrone
ca. 500 ml neutrales Pflanzenöl
    zum Frittieren
2 Handvoll Babyspinat

Pakoras sind eine indische Variante für besonders knusprige Häppchen. Sie können aus Gemüse, Fisch, Fleisch oder Meeresfrüchten zubereitet werden. Das Geheimnis ist ein Teig aus Kichererbsenmehl, der eine wunderbar knusprige Hülle zaubert. Bitte unbedingt ausprobieren. Die Röstzwiebeln von Seite 111 sind nach derselben Idee entstanden und ebenfalls sehr zu empfehlen.

1) Das Suppengemüse putzen, waschen, schälen und in feine Streifen schneiden. Die Zwiebeln abziehen und in dünne Spalten schneiden. Die Kartoffel waschen, schälen und in dünne Streifen schneiden.

2) Das Suppengemüse mit Zwiebeln, Kartoffel, Kreuzkümmel, Kichererbsenmehl und ½ TL Salz in eine dicht schließende Vorratsdose geben, verschließen und kräftig schütteln. Die Mischung etwa 30 Minuten ruhen lassen. Das Salz entzieht dem Gemüse Wasser und verbindet sich mit dem Kichererbsenmehl zu einem zähflüssigen Teig.

3) Den Paprikajoghurt zubereiten. Dafür den Joghurt mit Tahin, Sojasauce, Paprikapaste, dem Zitronensaft und etwas Salz glatt rühren. Den Paprikajoghurt beiseitestellen.

4) Das Pflanzenöl 3–4 cm hoch in einem breiten Topf auf 160–170 °C erhitzen. Die Gemüsemischung jeweils mit zwei Gabeln portionsweise abtrennen und ins heiße Fett geben. Unter einmaligem Wenden etwa 1 Minute goldbraun und knusprig ausbacken. Anschließend die Pakoras in einem Sieb abtropfen.

5) Den Spinat waschen, trockenschleudern und auf Teller verteilen. Die fertigen Pakoras leicht salzen, zum Spinat geben, den Joghurt daneben verteilen und alles servieren.

GEBRATENE BOHNEN MIT RAUCHMANDELN

Für 2 Personen
Zubereitungszeit 15 Minuten
Garzeit 15 Minuten

1 kg frische breite Bohnen

2 Zwiebeln

3 Knoblauchzehen

3 EL Olivenöl

Salz

6 in Öl eingelegte getrocknete
   Tomatenfilets

50 g gesalzene Rauchmandeln

2 TL kleine Kapern

frisch gemahlener schwarzer
   Pfeffer

3 Stängel Petersilie

2 Scheiben Brot (optional) als
   Beilage

Dieses Bohnenrezept ist ein Umami-Feuerwerk. Rauchmandeln, gebratene Zwiebeln und Knoblauch, getrocknete Tomaten und Kapern, all das und die intensiven Röstaromen vom Anbraten vereinen das Gericht zu einem wahren Festessen. Mehr als eine gute Scheibe Brot als Beilage braucht es nicht.

1) Die Bohnen waschen, putzen und nach Belieben ganz lassen oder in mundgerechte Stücke schneiden. Die Zwiebeln abziehen und in Streifen schneiden. Den Knoblauch abziehen und hacken.

2) Die Bohnen in einer tiefen Pfanne im heißen Olivenöl unter Wenden 10 Minuten anbraten, dabei gleich zu Beginn kräftig salzen. Dann die Zwiebeln und den Knoblauch hinzufügen und 5 Minuten mitbraten.

3) Die Tomatenfilets und die Rauchmandeln hacken. Die gegarten Bohnen mit den Tomatenfilets, Kapern und Rauchmandeln vermischen. Die Gemüsemasse kräftig mit Pfeffer würzen, nach Bedarf zusätzlich mit Salz abschmecken.

4) Die Petersilie waschen, trockentupfen, hacken und unter die Gemüsemasse mischen. Die Rauchmandel-Bohnen, optional jeweils mit einer Scheibe Brot als Beilage, servieren.

REGENBOGEN-MANGOLD MIT ROSINEN UND ERDNÜSSEN

Für 2 Personen
Zubereitungszeit 10 Minuten
Garzeit 10 Minuten

500 g bunter Mangold
1 Zwiebel
1 Knoblauchzehe
2 EL Olivenöl
2 EL Rosinen (alternativ
    getrocknete Datteln,
    getrocknete Aprikosen oder
    getrocknete Kirschen)
100 ml Gemüsebrühe
1-2 EL Erdnusskerne
2 EL Crème fraîche
Salz
frisch gemahlener schwarzer
    Pfeffer

Bei Mangold bevorzuge ich die bunten Sorten, nicht nur wegen ihrer Farbpracht. Sie schmecken milder und nicht so erdig wie die weißen Stiele. Eine süße Komponente verleiht dem würzigen Blattgemüse eine überraschende Note. Wer keine Rosinen mag, nimmt andere Trockenfrüchte, wie Datteln, Aprikosen oder Kirschen.

1) Den Mangold waschen, die Blätter von den Stielen schneiden und beides getrennt klein schneiden. Die Zwiebel und den Knoblauch abziehen und würfeln.

2) Das Olivenöl in einer Pfanne erhitzen, die Mangoldstiele, die Zwiebel und den Knoblauch darin 3–4 Minuten anschwitzen.

3) Dann die Mangoldblätter und die Rosinen zugeben und zusammen weiter anschwitzen. Mit der Brühe ablöschen und abgedeckt 2–3 Minuten köcheln lassen.

4) Anschließend die Erdnüsse hacken und in einer Pfanne ohne Fettzugabe anrösten. Zuletzt die Crème fraîche unter das Gemüse rühren und alles mit Salz sowie Pfeffer abschmecken.

5) Zum Servieren die Mangoldpfanne in Schalen verteilen. Mit den Erdnüssen bestreut servieren.

WÜRZIGE DINKELPFANNE MIT PFIFFERLINGEN

Für 2 Personen
Zubereitungszeit 20 Minuten
Garzeit 10 Minuten

1 Kochbeutel Dinkel wie Reis
    (125 g; alternativ Zartweizen)
Salz
250 g Pfifferlinge
2 rote Zwiebeln
4 Zweige Thymian
2 Zweige Rosmarin
1 TL Kreuzkümmelsamen
¼ Zimtstange
1 TL edelsüßes Paprikapulver
2 EL Butter
frisch gemahlener schwarzer
    Pfeffer
200 g Kirschtomaten

An Pfifferlingen kann ich einfach nicht vorbeigehen, wenn sie Saison haben. Am liebsten gebraten, dann kommt die leicht pfeffrige Note besonders gut zur Geltung. Unbedingt kräftig in Butter braten und mit Zimt verfeinern. Eine ungewöhnliche, aber ungewöhnlich gute Kombination.

1) Das Getreide in kochendem Wasser nach Packungsangabe garen, abgießen und beiseitestellen.

2) Währenddessen die Pfifferlinge putzen, trocken abreiben und gut säubern. Je nach Größe halbieren oder vierteln. Die Zwiebeln abziehen und in Spalten schneiden. Thymian und Rosmarin waschen, trockentupfen und die Blätter bzw. Nadeln abzupfen. Kreuzkümmel und die zerbröselte Zimtstange im Mörser fein zerstoßen. Das Paprikapulver untermischen.

3) Die Pilze in einer Pfanne in der heißen Butter einige Minuten anbraten. Zwiebeln, Kräuter, Gewürze und Getreidekörner zugeben. Mit Salz sowie Pfeffer würzen und 5 Minuten anbraten.

4) Dann die Kirschtomaten waschen, halbieren und in dem Gemüse weitere 2 Minuten erhitzen.

5) Die Pilzpfanne auf Teller verteilen und servieren.

139

GEGRILLTE PORTOBELLO-PILZE MIT RUCOLASALAT

Für 2 Personen
Zubereitungszeit 15 Minuten
Garzeit 25 Minuten

Für die Pilze

3 EL Sojasauce
1 EL Ahornsirup
1 EL Paprikapaste
1 TL getrockneter Oregano
½ TL Knoblauchgranulat
4 Portobello-Pilze
(Riesenchampignons; alternativ
6 große Steinchampignons)

Für das Chutney

1 Mango
1 rote Zwiebel
1 fingerdickes Stück Ingwer (1 cm)
3 Stängel Koriander
½ TL Chiliflocken
1 EL brauner Zucker
Saft von 1 ½ Limetten

Außerdem

Olivenöl
Salz
1 Handvoll Rucola
frisch gemahlener schwarzer
Pfeffer (optional)

Diese würzig marinierten Pilze stehen einem klassischen Steak in nichts nach. Die Marinade kann beliebig verfeinert oder abgeändert werden. Und wenn es noch schneller gehen soll, einfach ein verzehrfertiges Chutney oder Pesto verwenden. So einfach geht Modern Lunch.

1) Für die Pilze die Sojasauce mit Ahornsirup, Paprikapaste, 2 EL Olivenöl, Oregano und Knoblauchgranulat verrühren. Die Pilze putzen, in dieser Marinade wenden, darin einlegen und beiseitestellen.

2) Für das Chutney die Mango schälen und würfeln. Die Zwiebel abziehen und würfeln. Den Ingwer schälen und reiben. Den Koriander waschen, trockentupfen und hacken. Mango, Zwiebel, Ingwer, Chiliflocken, 2 Prisen Salz, Zucker und Limettensaft (einen Spritzer davon beiseitestellen) in einen Topf geben, erhitzen und unter gelegentlichem Rühren dickflüssig einkochen. Anschließend abkühlen lassen.

3) Die Pilze in einer Grillpfanne bei hoher Temperatur oder auf dem vorgeheizten Grill bei 200 °C (direkte Temperatur) von beiden Seiten 3–4 Minuten grillen.

4) Den Rucola waschen und trockenschleudern. Mit 1 EL Olivenöl, 1 Prise Salz und einem Spritzer Limettensaft marinieren.

5) Die Pilze mit dem Chutney und dem Rucola anrichten, nach Geschmack mit frisch gemahlenem Pfeffer würzen und servieren.

PULLED-AUSTERNPILZ-SANDWICH

Für 2 Personen
Zubereitungszeit 15 Minuten
Garzeit 5 Minuten

300 g Austernpilze
1 Zwiebel
2 TL Tomatenmark
3 EL Sojasauce
1 EL Ahornsirup
1 TL geräuchertes Paprikapulver
1 TL Aprikosenkonfitüre
2 EL Olivenöl
Salz
frisch gemahlener schwarzer
  Pfeffer
4 Pitabrote
1 Romanasalatherz
1 TL gehackter Dill
4 EL Mayonnaise

Pulled Pork ist für einen schnellen Lunch nicht das ideale Gericht, und schon gar nicht vegetarisch oder vegan. Da bieten Austernpilze eine gute Basis für Gerichte, die ohne Fleisch auskommen sollen. Sie besitzen eine feste und zugleich faserige Struktur und kommen mit intensiven Gewürzen prima aus.

1) Die Austernpilze trocken abreiben und entlang der Fasern in Streifen zupfen. Die Zwiebel abziehen, halbieren und in Streifen schneiden.

2) Das Tomatenmark mit Sojasauce, Ahornsirup, Paprikapulver, Aprikosenkonfitüre, Olivenöl und je 2 Prisen Salz und Pfeffer verrühren. Die Pilze und die Zwiebel mit dieser Marinade vermengen und in einer breiten Pfanne bei hoher Temperatur 5 Minuten braten.

3) Die Pitabrote im Toaster aufbacken. Die Romanasalatblätter vereinzeln, waschen und trockentupfen. Den Dill unter die Mayonnaise rühren.

4) Die Brote an der Naht öffnen und mit der Mayonnaise bestreichen. Mit dem Salat und der Austernpilzmasse füllen. Die Sandwiches frisch servieren.

TOFU-»FLEISCHPFLANZERL« MIT PILZRAHMSAUCE

Für 2 Personen
Zubereitungszeit 20 Minuten
Garzeit 25 Minuten

Für die Tofu-»Fleischpflanzerl«

1 Stück Räuchertofu (200 g)
1 altbackenes weiches Brötchen
    (2–3 Tage alt)
1 Zwiebel
2 Knoblauchzehen
3 EL Olivenöl
100 ml Milch (alternativ
    pflanzlicher Drink)
2 EL zarte Haferflocken
1 TL getrockneter Oregano
1 TL edelsüßes Paprikapulver
1 TL mittelscharfer Senf
Salz
frisch gemahlener schwarzer
    Pfeffer

Für die Pilzrahmsauce

250 g Champignons oder andere
    Pilzsorten nach Angebot
1 Zwiebel
1 EL Butter
1 EL Weizenmehl Type 405
200 ml Gemüsebrühe
150 g süße Sahne (alternativ
    pflanzliche Alternative)
Salz
frisch gemahlener schwarzer
    Pfeffer
2–3 EL Schnittlauchröllchen
    (optional)

Fleischlos zu genießen, ist heute keine Last mehr, eher eine Lust. Zahlreiche pflanzliche Produkte erleichtern uns die Arbeit in der Küche. Tofu zählt dabei zu meinen Favoriten, da er vielfältig einsetzbar und sehr einfach abzuwandeln ist.

1) Für die »Fleischpflanzerl« den Tofu trockentupfen und in einer Schüssel fein zerkrümeln. Das Brötchen in Stücke schneiden und in der Küchenmaschine zu Bröseln verarbeiten.

2) Die Zwiebel sowie den Knoblauch abziehen, würfeln und in 1 EL Olivenöl anschwitzen. Die Milch angießen, kurz erhitzen und die Mischung zum Tofu in die Schüssel geben. Die Brötchenbrösel, Haferflocken, Oregano, Paprikapulver, Senf und ½ TL Salz hinzufügen. Mit Pfeffer würzen und alles gründlich vermengen. Die Masse zum Quellen kurz beiseitestellen.

3) In der Zwischenzeit für die Sauce die Pilze trocken abreiben, putzen und in Scheiben schneiden. Die Zwiebel abziehen und fein würfeln.

4) Die Butter in einer Pfanne erhitzen und Zwiebel sowie Pilze darin anschwitzen. Das Mehl darüberstauben und hell anschwitzen. Die Mehlschwitze mit der Brühe aufgießen und stetig rühren, damit eine glatte Sauce entsteht. Dann die Sahne angießen, die Sauce mit Salz und Pfeffer würzen und bei mittlerer Temperatur 15 Minuten köcheln und etwas eindicken lassen.

5) Aus der Tofumasse vier Buletten formen und in einer Pfanne im übrigen Olivenöl (2 EL) braun und knusprig braten.

6) Die »Fleischpflanzerl« mit der Sauce anrichten, optional mit Schnittlauch bestreuen und servieren.

144

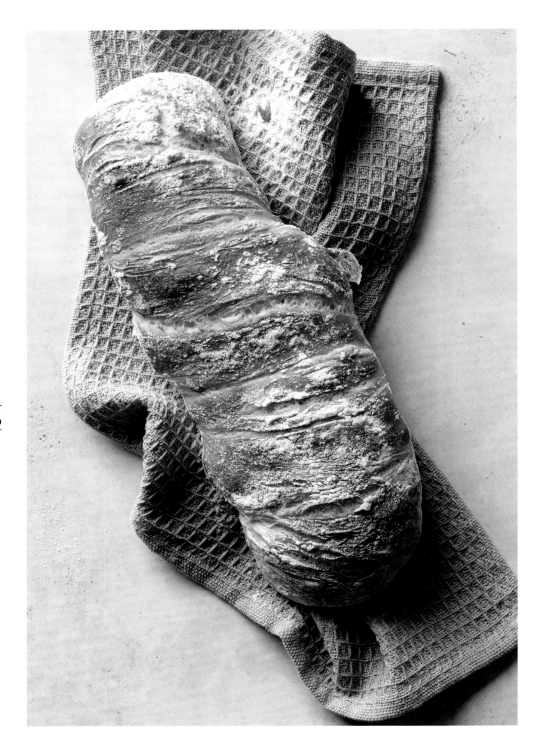

BEILAGEN

FLADENBROT

Für 6 Stück
Zubereitungszeit 10 Minuten
Gehzeit 45 Minuten
Backzeit 10 Minuten

250 g Dinkelmehl Type 630
½ Pck. Trockenhefe
1 TL Rohrohrzucker
Salz
30 ml Olivenöl plus mehr zum
   Arbeiten
Sesamsaat,
   Schwarzkümmelsamen,
   getrockneter Oregano zum
   Bestreuen (optional)

1) Das Mehl mit der Trockenhefe, dem Zucker und 1 gestrichenen TL Salz in einer Schüssel mischen. Das Olivenöl und 130 ml lauwarmes Wasser zugeben und in der Küchenmaschine 5 Minuten zu einem glatten Teig verkneten. Den Teig in eine Schüssel geben und abgedeckt 30 Minuten gehen lassen. Ein Backblech mit Backpapier auslegen.

2) Die Hände und die Arbeitsfläche mit etwas Öl einreiben. Den Teig auf der Arbeitsfläche in sechs gleich große Stücke teilen. Diese mit geölten Händen rund formen und zu Fladen (Durchmesser 10–12 cm) ausziehen. Auf den beiden Backblechen verteilen, mit einem umgedrehten Backblech abdecken und 15 Minuten gehen lassen. Kurz vor Ende der Gehzeit den Backofen auf 230 °C Ober-/Unterhitze vorheizen.

3) Die Fladen mit Wasser bestreichen und optional mit Sesam, Schwarzkümmel oder Oregano bestreuen. In den heißen Ofen einschieben und 10 Minuten goldbraun backen.

4) Anschließend die Fladen gut abkühlen lassen und dann entweder sofort servieren oder später; in einer Vorratsdose verpackt bleiben sie weich.

NAAN-BROT AUS DER PFANNE

Für 4 Stück
Zubereitungszeit 10 Minuten
Garzeit 5-8 Minuten

275 g Weizenmehl Type 405 plus
    mehr zum Arbeiten
1 TL Backpulver
Salz
200 g Joghurt
1 EL Pflanzenöl
1 Knoblauchzehe
1 EL weiche Butter

1) Das Mehl mit dem Backpulver und 1 TL Salz in einer Schüssel mischen. Den Joghurt und das Öl zugeben, zunächst mit einer Gabel vermengen, dann alles zu einem glatten Teig verkneten.

2) Den Knoblauch abziehen und fein reiben. Die Butter mit dem Knoblauch verrühren und beiseitestellen.

3) Den Teig in vier Portionen teilen und auf der leicht bemehlten Arbeitsfläche zu etwa 0,5 cm dünnen Fladen ausrollen. Die Fladen in einer heißen Pfanne ohne Fettzugabe von beiden Seiten backen, bis der Teig durchgegart ist.

4) Anschließend die Fladen mit der Knoblauchbutter einstreichen und auf einem Teller stapeln. Bis zum Servieren mit einer Schüssel abgedeckt warm halten.

WURZELBAGUETTE

Für 1 Brot
Zubereitungszeit 10 Minuten
Gehzeit 3 Stunden
Backzeit 25 Minuten

1 groß gekochte Kartoffel,
   abgekühlt und gepellt
200 g Dinkelmehl Type 630 plus
   mehr zum Arbeiten
100 g Dinkelvollkornmehl
   (alternativ mehr Dinkelmehl)
1 TL Rohrohrzucker
1 TL Trockenhefe
Salz

1) Einen Teig zubereiten. Dafür die Kartoffel reiben. Beide Mehlsorten mit dem Zucker, der Trockenhefe und ½ TL Salz in einer Schüssel mischen. Die Kartoffel und 120 ml lauwarmes Wasser zugeben und alles zu einem glatten Teig verkneten, mindestens 5 Minuten intensiv kneten. Den Teig abgedeckt in einer Schüssel an einem lauwarmen Ort (im Sommer bei Zimmertemperatur, im Winter neben der Heizung oder im temperierten, ausgeschalteten Backofen) 2 Stunden gehen lassen.

2) Ein Backblech mit Backpapier auslegen und mit Mehl bestäuben. Den Teig mithilfe einer Teigkarte aus der Schüssel auf das Backpapier schieben. Den Teig ebenfalls bemehlen. Mit den Händen zu einem länglichen Strang formen und mehrfach in sich verdrehen, ohne zu kneten. Den Teig an einen zugfreien Ort stellen und erneut 1 Stunde gehen lassen. Den Backofen etwa 10 Minuten vor Ende der Gehzeit auf 250 °C Ober-/Unterhitze vorheizen und eine ofenfeste Schale mit Wasser auf den Boden des Backofens stellen.

3) Das Brot auf dem mittleren Einschub in den heißen Ofen schieben und 15 Minuten backen. Anschließend die Temperatur auf 180 °C Ober-/Unterhitze reduzieren und das Brot weitere 10 Minuten backen. Dann lauwarm abkühlen lassen, anschneiden und servieren.

Tipp

Für dieses Rezept eignet sich auch nur Dinkelmehl Type 630, Weizenmehl Type 550 oder eine Mischung von Mehltypen aus dem Vorrat. Die geriebene Kartoffel gibt dem Brot eine saftige und kompakte Struktur. Wer keine gekochte Kartoffel zur Hand hat, verwendet stattdessen zusätzlich etwa 50 ml Wasser. Zum Variieren dem Teig etwa 100 g grob gehackte Nüsse, 2 TL getrocknete Kräuter oder 2–3 frische oder angeschwitzte gehackte Knoblauchzehen zufügen.

KARTOFFELPÜREE

Für 2 Personen
Zubereitungszeit 30 Minuten
Garzeit etwa 30 Minuten

500 g mehligkochende Kartoffeln
Salz
250 ml Vollmilch
20 g Butter
frisch geriebene Muskatnuss

1) Die Kartoffeln waschen, schälen, in Stücke schneiden und knapp mit Wasser bedeckt mit ½ TL Salz gar kochen.

2) Inzwischen die Milch mit der Butter in einem Topf aufkochen und kräftig mit Salz und Muskat würzen.

3) Die Kartoffeln abgießen, gut ausdampfen lassen und dann durch die Kartoffelpresse in eine Schüssel drücken. Die Milch-Butter-Mischung zugeben und locker unter die Kartoffeln heben.

4) Das Püree nach Bedarf mit mehr Salz abschmecken und heiß servieren.

Tipp
Bei der Zubereitung in der Küchenmaschine immer die Schneebesen verwenden. Auch mit dem Kartoffelstampfer lässt sich ein feines Püree herstellen.

CREMIGE POLENTA

Für 2 Personen
Zubereitungszeit 20 Minuten
Garzeit 20 Minuten

125 ml Milch
350 ml Gemüsebrühe
Salz
100 g feine Polenta (Maisgrieß)
2 EL Butter
25 g Parmesan
50 g süße Sahne
frisch gemahlener schwarzer
   Pfeffer
frisch geriebene Muskatnuss

Polenta ist eine gute Alternative zu Kartoffelpüree. Sie verträgt Gewürze und frische Kräuter gut und kann mit ihrem milden, leicht nussigen Aroma zu vielen Gemüsegerichten serviert werden.

1) Die Milch, die Brühe und ½ TL Salz in einem Topf aufkochen. Die Polenta langsam unter Rühren einrieseln lassen und bei mittlerer Temperatur unter Rühren etwa 10 Minuten garen. Anschließend beiseitestellen und abgedeckt 10 Minuten ruhen lassen.

2) Die Sahne in einer Schale halbsteif schlagen. Die Polenta aufrühren und die Sahne, die Butter und den Parmesan unterziehen.

3) Die cremige Polenta mit Salz, Pfeffer sowie Muskat würzig abschmecken und servieren.

Tipp
Fein gemahlener Maisgrieß ist für diese Polenta gut geeignet, da sie dadurch besonders cremig wird. Mittlerer und grob gemahlener Maisgrieß wird eher für schnittfeste Polenta verwendet.

GEWÜRZ-COUSCOUS

Für 4 Personen
Zubereitungszeit 10 Minuten
Garzeit 5 Minuten

250 g Couscous
½ TL Kurkumapulver
1 TL Currypulver
1 TL Ras el-Hanout
Salz
2 Schalotten
2 Knoblauchzehen
3 EL Olivenöl
frisch gemahlener schwarzer Pfeffer
Saft von ½ Zitrone

1) Den Couscous in einer Schüssel mit dem Kurkuma- und Currypulver, Ras el-Hanout sowie 1–2 Prisen Salz vermischen. Mit 400 ml kochendem Wasser überbrühen und zum Quellen 5 Minuten beiseitestellen.

2) Die Schalotten und den Knoblauch abziehen und würfeln. In einer Pfanne im heißen Olivenöl braun braten. Dann die Mischung zum Couscous geben. Zuletzt alles mit Salz, Pfeffer und dem Zitronensaft würzen und vermischen.

3) Den Gewürz-Couscous warm oder kalt servieren.

Tipp
Statt Couscous kann man auch Bulgur oder Perlcouscous zubereiten. Dafür das Getreide nach Packungsangabe in Salzwasser garen und mit den Gewürzen und der Zwiebel-Knoblauch-Mischung vermengen. Zusätzlich können noch Kräuter nach Belieben zugegeben werden.

KARDAMOM-ORANGEN-REIS

Für 4 Personen
Zubereitungszeit 10 Minuten
Garzeit etwa 20 Minuten

2 Knoblauchzehen
½ unbehandelte Orange
1 EL Butter
3 grüne Kardamomkapseln
250 g Basmatireis
Salz

1) Den Knoblauch abziehen und in Scheiben schneiden. Die Orange heiß waschen, trockentupfen und die Schale in Zesten abziehen.

2) Die Butter in einem Topf schmelzen. Den Knoblauch, die Orangenschale und den Kardamom darin anschwitzen.

3) Den Reis in einem Sieb waschen, in den Topf geben und mit der 1,5-fachen Menge Wasser aufgießen. 2 Prisen Salz hinzufügen und alles kurz aufkochen lassen. Den Reis abgedeckt bei niedriger Temperatur 15 Minuten köcheln lassen. Anschließend vom Herd ziehen und 5 Minuten abgedeckt quellen lassen.

4) Den Kardamom-Orangen-Reis heiß servieren.

TOMATENSAUCE FÜR DEN VORRAT

Für 4 Gläser à 250 g
Zubereitungszeit etwa 20 Minuten
Garzeit 30 Minuten

1 kg reife Tomaten
Salz
1 TL Zucker plus mehr zum
   Abschmecken
2 Zwiebeln
3 Knoblauchzehen
3 EL Olivenöl
2 TL getrockneter Oregano
3 Zweige Thymian
frisch gemahlener schwarzer
   Pfeffer

1) Die Tomaten waschen, vierteln, den Strunk herausschneiden und die Tomaten in der Küchenmaschine zerkleinern. Mit 2 TL Salz und dem Zucker in eine Schüssel geben und zum Saftziehen 15 Minuten beiseitestellen.

2) Die Zwiebeln und den Knoblauch abziehen und würfeln. Beides in einem großen Topf in dem Olivenöl anschwitzen. Die Tomatenmischung, den Oregano und die Thymianzweige zugeben und unter Rühren aufkochen. Die Sauce abgedeckt 20 Minuten köcheln lassen.

3) Anschließend den Thymian entfernen. Die Sauce fein pürieren, mit Salz und etwas Zucker abschmecken.

4) Die Sauce heiß in sterilisierte Schraubgläser füllen, mit sauberen Deckeln verschließen und kopfüber auf einem Geschirrtuch 10 Minuten stehen lassen. Dann wenden und die Sauce erkalten lassen.

5) Mit Vakuum ist die Tomatensauce bis zu ½ Jahr haltbar. Gläser ohne vollständiges Vakuum im Kühlschrank aufbewahren und innerhalb 1 Woche verbrauchen. Die Sauce kann alternativ auch eingefroren werden.

REZEPTREGISTER

A

Auberginen, überbackene 116
Auberginen-Chili, schnelles 23
Avocado-Salat-Suppe, kalte 63

B

Baked Sweet Potatoes 124
Blumenkohl, gebackener,
  – im Ganzen gegart 72
Blumenkohl-Gröstl 71
Blumenkohl-Steaks, geba-
  ckene 68
Bohnen, gebratene, mit Rauch-
  mandeln 135
Bohnen-Mais-Ragout, süß-
  scharfes 36
Bohnenpfanne, griechische 40
Bohnen-Tomaten-Cassoulet 35
Brokkoli-Buletten mit cremiger
  Sauce 76
Brokkoli-Taboulé mit
  Halloumi 64
Bunte Gemüse-Shakshuka 120

C

Chili-Crunch 98
Cremige Polenta 153
Cremiges Kürbis-Wirsing-
  Gemüse mit Haselnüssen 44

D

Dicke Gemüsepfannkuchen mit
  Paprika-Walnuss-Dip 50
Dinkelpfanne, würzige,
  mit Pfifferlingen 139

E

Erbsenknödel, grüne, mit Meerrettichsauce 27

F

Falafel-Bowl 19
Fenchel-Erbsen-Auflauf 86
Fladenbrot 148
Fruchtige Pastinakenpfanne 24

G

Gebackene Blumenkohl-
  Steaks 68
Gebackener Blumenkohl – im
  Ganzen gegart 72
Gebackener Spitzkohl mit
  Harissa-Limetten-Sauce 85
Gebratene Bohnen mit Rauch-
  mandeln 135
Gebratene Rote Bete mit Sesam-
  Labneh 75
Gebratener Rotkohl mit Linsen
  und grüner Salsa 48
Gebratener Sellerie mit Romana-
  salat 82
Gefüllte Paprikaschnitzel mit
  Feta 123
Gefüllter Ofenkürbis 90
Gegrillte Portobello-Pilze mit
  Rucolasalat 140
Gemüsecurry, schnelles 28
Gemüse-Frittata 80
Gemüsepfannkuchen, dicke, mit
  Paprika-Walnuss-Dip 50
Gemüse-Shakshuka, bunte 120

Geröstete Kartoffeln mit Knob-
  lauch-Zitronen-Spinat 131
Geröstete Paprika mit Gremolata
  und Ziegenkäsecreme 67
Gewürz-Couscous 154
Glasierter Tofu 57
Gremolata 67
Griechische Bohnenpfanne 40
Grüne Erbsenknödel mit Meer-
  rettichsauce 27
Grünkohl-Eintopf mit Perlcous-
  cous 58

H

Harissa-Limetten-Sauce 85
Hasselback-Zucchini mit
  Harissa-Zwiebeln 112

K

Kalte Avocado-Salat-Suppe 63
Kardamom-Orangen-Reis 154
Karotten im Würstchen-
  Style 108
Karottensalat, lauwarmer 107
Kartoffeln, geröstete, mit Knob-
  lauch-Zitronen-Spinat 131
Kartoffelpüree 152
Klassisches Kartoffelgratin 101
Knoblauch-Zitronen-Spinat 131
Koriandercreme 97
Korianderjoghurt 89
Kräuterquark 115
Krautpfanne mit Miso-Brühe 53
Kürbis-Bohnen-Stew mit Crème
  fraîche und Mohn 39
Kürbis-Crumble 93

Kürbispommes mit rauchiger Mayonnaise 127
Kürbisschnitzel, würzige 128
Kürbis-Wirsing-Gemüse, cremiges, mit Haselnüssen 44

L

Lauch-Apfel-Pancakes mit Pesto 102
Lauwarmer Karottensalat 107
Linsenköfte mit Korianderjoghurt 89

M

Mais-Dippers mit Rucola 79
Mayonnaise, rauchige 127
Meerrettichsauce 27

N

Naan-Brot aus der Pfanne 149

O

Ofenkürbis, gefüllter 90
Ofentomaten, würzige, mit Röstzwiebeln 111
Orientalisches Röstgemüse mit Rote-Bete-Hummus 94

P

Paprikajoghurt 132
Paprikaschnitzel, gefüllte, mit Feta 123
Paprika-Walnuss-Dip 50
Pastinakenpfanne, fruchtige 24
Peperonata mit Burrata 20
Pilzrahmsauce 144
Portobello-Pilze, gegrillte, mit Rucolasalat 140
Pulled-Austernpilz-Sandwich 143

R

Ratatouille mit wachsweichem Ei 119
Regenbogen-Mangold mit Rosinen und Erdnüssen 136
Rosenkohl mit Chili-Crunch 98
Rosenkohl-Kichererbsen-Blech mit Koriandercreme 97
Röstgemüse, orientalisches, mit Rote-Bete-Hummus 94
Röstgemüse-Suppe mit Croûtons 31
Röstzwiebeln 111
Rote Bete, gebratene, mit Sesam-Labneh 75
Rote-Bete-Hummus 94
Rotkohl, gebratener, mit Linsen und grüner Salsa 48
Rotkohl-Gulasch 47
Rucolasalat 140

S

Salat im Glas 16
Schnelles Auberginen-Chili 23
Schnelles Gemüsecurry 28
Sellerie, gebratener, mit Romanasalat 82
Sesam-Labneh 75
Spitzkohl, gebackener, mit Harissa-Limetten-Sauce 85
Süßscharfes Bohnen-Mais-Ragout 36

T

Tofu, glasierter 57
Tofu-»Fleischpflanzerl« mit Pilzrahmsauce 144
Tomatensauce für den Vorrat 155

U

Überbackene Auberginen 116

V

Veggie-Burger 32
Vorrat, Tomatensauce für den 155

W

Weiße-Bohnen-Püree mit Erbsen und Zitrone 43
Weißkohl-Kari – Geschmorter Weißkohl in Tomaten-Gewürz-Sauce 54
Wirsing mit glasiertem Tofu 57
Wurzelbaguette 151
Wurzelgemüse-Pakoras mit Paprikajoghurt 132
Würzige Dinkelpfanne mit Pfifferlingen 139
Würzige Kürbisschnitzel 128
Würzige Ofentomaten mit Röstzwiebeln 111

Z

Ziegenkäsecreme 67
Zucchini, Hasselback-, mit Harissa-Zwiebeln 112
Zucchini-Parmesan-Sticks mit Kräuterquark 115

ÜBER DIE AUTORIN

Susann Kreihe entwickelt seit vielen Jahren mit Leidenschaft kreative und passgenaue Rezepte. Ihre Kreationen erscheinen regelmäßig in Kochbüchern und Zeitschriften verschiedener Verlage. Neben der Arbeit als Rezeptautorin ist die gelernte Köchin und Betriebswirtin für Hotellerie und Gastronomie auch als Ghostwriterin für bekannte Spitzenköche tätig.

Ihre langjährige Erfahrung als Rezeptautorin und ausgebildete Köchin bringt sie auch in ihre Foodfotografie ein, wenn sie dafür die Gerichte mit Liebe zum Detail in Szene setzt.

Auf www.gerichte-werkstatt.de schreibt sie über die schönen Seiten des Lebens: Kochen und Genießen.

IMPRESSUM

Produktmanagement: Stefanie Gückstock
Redaktion: Constanze Lüdicke
Korrektorat: Judith Bingel
Layout: Marcus Taeschner, a flock of sheep
Umschlaggestaltung: Dominik Günzinger
Repro: LUDWIG:media
Herstellung: Vanessa Brunner
Printed in Türkiye by Elma Basim

Texte, Rezepte, Fotografie, Foodstyling: Susann Kreihe

★ ★ ★ ★ ★

Sind Sie mit diesem Titel zufrieden? Dann würden wir uns über Ihre Weiterempfehlung freuen. Erzählen Sie es im Freundeskreis, berichten Sie Ihrem Buchhändler oder bewerten Sie nach Onlinekauf.

Und wenn Sie Kritik, Korrekturen, Aktualisierungen haben, freuen wir uns über Ihre Nachricht an Christian Verlag GmbH,
Postfach 40 02 09, D-80702 München
oder per E-Mail an lektorat@verlagshaus.de.

Unser komplettes Programm finden Sie hier:

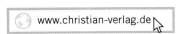
www.christian-verlag.de

Bildnachweis
Alle Bilder des Innenteils stammen von der Autorin mit Ausnahme von Seite 158: Melissa Engel.

Die Deutsche Nationalbibliothek verzeichnet diese Publikation in der Deutschen Nationalbibliografie; detaillierte bibliografische Daten sind im Internet über http://dnb.d-nb.de abrufbar.

© 2024 Christian Verlag GmbH
Infanteriestraße 11a
80797 München

ISBN: 978-3-95961-864-9

EBENFALLS ERHÄLTLICH

DINNER IN ONE

100 schnelle One-Pot-Gerichte aus Topf, Pfanne oder Ofen.
Der »New York Times«-Bestseller

Die »New York Times«-Foodredakteurin Melissa Clark
hat es sich zur Aufgabe gemacht, köstliche Gerichte
so anzupassen, dass sie mit möglichst geringem Aufwand und wenig Equipment gelingen – selbstverständ-
lich, ohne dabei an Geschmack einzubüßen.

Ihre Weniger-ist-mehr-Philosophie krönt sie mit den
100 unkomplizierten Feierabend-Rezepten in diesem Buch. Darunter zahlreiche Abendessen, für die
sie sich erst um 18 Uhr entscheiden und die trotzdem
bereits um 19 Uhr auf dem Tisch stehen. Es sind aber
auch ausgefallene Wochenendgerichte dabei, die Sie
Gästen entspannt servieren können.

ISBN 978-3-95961-786-4

ONE POT - ZERO WASTE

60 einfache Gerichte ohne Reste

Nachhaltig zu kochen, ist nicht immer einfach.
Schließlich will der Speiseplan gut geplant sein, damit
am Ende weder ein halber Kohl, noch ein angebro-
chener Becher Sahne und auch keine halbe Packung
Champignons in den Müll wandert. Bei den Zutaten
sind handelsübliche Packungsgrößen von frischen
Zutaten schon berücksichtigt, sodass bei Ihnen keine
offene Packung Frischkäse, kein halbes Glas Kichererbsen oder die letzte Schote aus dem Paprika-Mix
versauern muss. Noch dazu sind alle Gerichte unkompliziert zuzubereiten, Sie benötigen jeweils nur einen
Topf, eine Pfanne oder ein Backblech. »One Pot -
Zero Waste« macht Nachhaltigkeit alltagstauglich!

ISBN 978-3-95961-789-5